KB211304

어린이 스크래치로 처음 배우는 블록 코딩

쉽고 재미있게 공부하는 유아 초등 소프트웨어 교육

송현종 지음

이 책의 특징

이번 시간에 배울 코딩 학습 목표가 제시되어 있어요.

매 시간마다 달성해야 하는 학습 목표가 있어요. 지난 시간에 배운
내용을 바탕으로 차근차근 새로운 목표를 달성하기 위해 공부해 봐요.

배워야 할 내용이 이야기 형식으로 구성되어 있어요.

이야기에 나온 내용이 바로 이번 시간에 여러분이 공부할 내용이에요.
책을 따라 공부하다 보면 이야기에 나온 것처럼 만들 수 있어요.

블록을 이용해 코딩하는 방법이 그림으로 안내되어 있어요.

책의 내용을 따라 코딩하다 한 곳이라도 막히게
되면 다음 코딩을 하는데 어려움이 있을 거예요.
단계마다 그림과 글로 자세하게 안내해서
어렵지 않게 따라할 수 있도록 도와 줄게요.

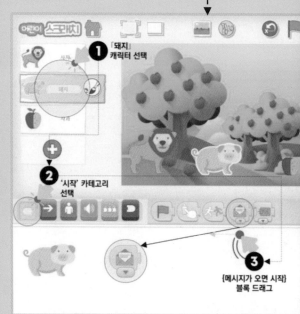

배우면서 꼭 알아야 할 것은 강조되어 자세하게 나와 있어요.

무작정 따라하다 보면 중요한 것들을 놓칠 수 있어요. 그렇게 되지
않기 위해서 중요한 내용은 따로 뽑아 자세하게 안내해 줄게요.

- 탭하면 시작 블록을 사용해 봅니다.
- 메시지가 오면 시작 블록을 사용해 봅니다.

하면 시작 블록을 사용해 봅니다.
시지가 오면 시작 블록을 사용해 봅니다.

맛있는 사과가 있네요! 사과를 눌러 떨어뜨리니

돼지가 와서 먹네요.

그런데 그린 돼지를 본 사자가 돼지를 잡아 먹어요!

조금은 무섭지만 우스운 상황을 시작 블록들을 사용해 코딩해 봐요.

「돼지」는 「사과」가 보낸 빨간색 메시지를 받아서 사용할 거예요. 「돼지」 캐릭터를 선택하고 {메시지가 오면 시작 } 블록을 가져와주세요. 빨간색 메시지를 받을 것이니 블록 아래 화살표를 눌러 빨간색으로 바꿔주세요.

「돼지」의 {메시지가 오면 시작 } 블록 뒤에는 블록들을 '이동' 카테고리에서 찾아 이어 붙여주세요. 그리고 블록의 블록 숫자를 '7'로 바꿔주세요. 「돼지」가 「사과」로 가서 먹는 모습을 만들었어요.

메시지 보내기의 색이 중황색이면 중황색의 메시지가 오면 시작 블록만 실행돼요.

메시지 블록들을 사용할 때는 색에 주의해야 해요. 색이 서로 같아야 메시지를 주고 받을 수 있으니 {메시지 보내기 } 블록과 {메시지가 오면 시작 } 블록이 6가지 색 중에서 같은 색인지 확인해주세요.
하나의 {메시지 보내기 } 블록에서 보낸 메시지를 여러 {메시지가 오면 시작 } 블록에서 받을 수도 있어요.

메시지 보내기의 색이 중황색이면 중황색의 메시지가 오면 시작 블록만 실행돼요.

메시지 블록들을 사용할 때는 색에 주의해야 해요. 색이 서로 같아야 메시지를 주고 받을 수 있으니 {메시지 보내기 } 블록과 {메시지가 오면 시작 } 블록이 6가지 색 중에서 같은 색인지 확인해주세요.
하나의 {메시지 보내기 } 블록에서 보낸 메시지를 여러 {메시지가 오면 시작 } 블록에서 받을 수도 있어요.

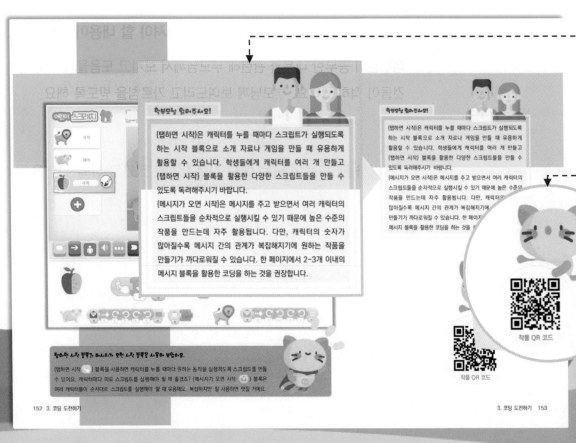

학부모님 읽어주세요!

학부모님 읽어주세요!

[탭하면 시작]은 캐릭터를 누를 때마다 스크립트가 실행되도록 하는 시작 블록으로 소개 자료나 게임을 만들 때 유용하게 활용할 수 있습니다. 학생들에게 캐릭터를 여러 개 만들고 [탭하면 시작] 블록을 활용한 다양한 스크립트들을 만들 수 있도록 독려해주시기 바랍니다.

[메시지가 오면 시작]은 메시지를 주고 받으면서 여러 캐릭터의 스크립트들을 순차적으로 실행시킬 수 있기 때문에 높은 수준의 작품을 만드는데 자주 활용됩니다. 다만, 캐릭터의 숫자가 많아질수록 메시지 간의 관계가 복잡해지기에 원하는 작품을 만들기가 까다로워질 수 있습니다. 한 페이지에서 2-3개 이내의 메시지 블록을 활용한 코딩을 하는 것을 권장합니다.

탭하면 시작 블록과 메시지가 오면 시작 블록을 사용해보아요.

[탭하면 시작] 블록을 사용하면 캐릭터를 누를 때마다 원하는 동작을 실행하도록 스크립트를 만들 수 있어요. 캐릭터마다 따로 스크립트를 실행할 때 좋겠죠? [메시지가 오면 시작] 블록은 여러 캐릭터들이 순서대로 스크립트를 실행해야 할 때 유용해요. 복잡하지만 잘 사용하면 멋질 거예요.

작품 QR 코드

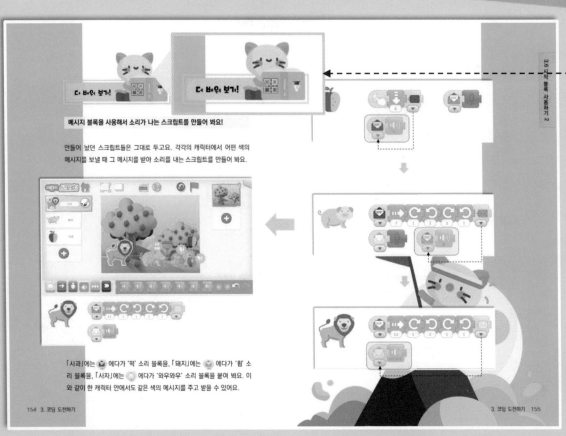

3.6 시작 블록 사용하기 2

더 보아 보기!

메시지 블록을 사용해서 소리가 나는 스크립트를 만들어 봐요!

만들어 놨던 스크립트들은 그대로 두고요, 각각의 캐릭터에서 어떤 색의 메시지를 보낼 때 그 메시지를 받아 소리를 내는 스크립트를 만들어 봐요.

「사과」에는 에다가 '딱' 소리 블록을, 「돼지」에는 에다가 '휨' 소리 블록을, 「사자」에는 에다가 '와우와우' 소리 블록을 붙여 봐요. 이와 같이 한 캐릭터 안에서도 같은 색의 메시지를 주고 받을 수 있어요.

배운 내용에 관해 학부모님이 알아 두셔야 할 내용이 있어요.

여러분이 공부한 내용과 관련해 부모님께서 보시고 도움을 주셔야 할 것들이 적혀 있어요. 부모님께 보여드리고 가르침을 받도록 해요.

어려울 때 도움이 되는 예시 자료가 QR 코드로 나와 있어요.

책에 나온 코딩 과정을 따라해도 잘 안될 때 QR 코드로 예시를 확인할 수 있어요. 예시를 보고 따라 만들어 어려운 점을 해결해 봐요.

더 배우고 싶을 때 활용할 수 있는 응용 학습 자료가 있어요.

이번 시간에 배운 내용에 이미 익숙해져 더 공부할 수 있을 때 여기에 있는 것을 도전해 봐요. 배움을 한단계 높여 나아갈 수 있을 거예요.

머리말

어린이 여러분은 코딩을 해 본적이 있나요? 코딩을 해 본적이 없다면 이 책이 여러분에게 도움을 줄 수 있어요. 이 책은 코딩을 시작하는 6~9세 어린이들을 위해 썼거든요. 나이가 아직 어리더라도 부모님의 도움을 받을 수 있다면 걱정하지 마세요. 이 책을 쓴 선생님의 아들도 지금 여러분의 나이와 비슷한데 선생님의 도움을 받아 코딩 공부를 하고 있어요!
혹시 스마트폰이나 컴퓨터를 사용할 때 내가 원하는 대로 움직이고 화면에 나오는 것이 신기하다고 생각해본 적 있나요? 이런 기계들은 어떻게 사람이 원하는 대로 작동할까요? 바로 어떤 사람이 코딩으로 프로그램을 만들어 기계에 넣었기 때문이에요. 우리는 코딩을 몰라도 코딩 덕분에 편리한 세상에 살고 있어요. 만약 여러분이 직접 코딩을 한다면 내가 원하는 대로 기계를 작동시킬 수 있고 다른 사람의 일을 편리하게 해줄 수도 있을 거예요.
코딩을 배우면 좋을 것 같지만 어려울 것 같고, 공부라서 좀 싫을 것 같나요? 그렇지 않아요! 이 책으로 코딩 공부를 시작해 봐요. 마치 블록을 조립하는 것처럼 코딩해서 작품을 만드는 법을 알려 줄게요. 이야기로 된 작품을 만들면서 코딩은 무엇인지, 어떻게 하는 것인지 알게 될 거예요. 놀이와 같이 재미있지만 그 과정에서 여러분의 코딩 실력은 쑥쑥 오를 거예요!

목차

4. 프로그램 안내

1. 코딩 알아보기

시작하기에 앞서 우리들이
무엇을 배우고 어떻게
배울 것인지 알아볼까요?

1.1 코딩은 무엇이며 왜 필요할까요

여러분은 코딩에 대해 들어 봤나요?

코딩(coding)이란 컴퓨터에게 명령을 내리기 위해 컴퓨터가 이해할 수 있는 언어인 코드(code)를 만드는 일을 말해요.

코딩을 통해 컴퓨터에게 명령을 내릴 수 있다니 신기하지 않나요?

컴퓨터는 사람이 만든 코드를 이해하여 주어진 명령을 따르게 돼요.

내가 알아 들을 수 있게
컴퓨터가 이해하는 언어로
명령을 내려줘라, 인간

그렇다면 컴퓨터가 어떻게 명령을 따르는 지 간단하게 알아볼까요?

사실 컴퓨터는 사람이 만든 코드를 바로 이해할 수는 없어요. 그래서 코드는 컴파일(compile)이라는 과정을 거쳐 컴퓨터가 이해할 수 있는 다른 형태의 코드로 바뀌는 과정을 거쳐요. 이후 이 바뀐 형태의 코드가 컴퓨터에서 실행된답니다.

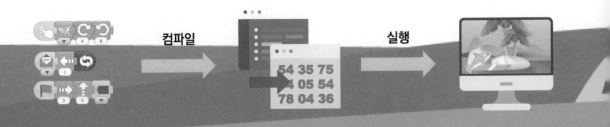

컴파일   실행

54 35 75
4 05 54
78 04 36

❀ 코딩이란 무엇이며 블록 코딩의 좋은 점을 알아 봐요.

❀ 코딩 공부가 필요한 이유를 알아 봐요.

코딩은 어려운 것으로만 생각되었어요.

코드는 C, JAVA와 같은 다양한 언어로 만들 수 있는데요.

이 언어들은 배우고 능숙하게 사용하는 것은 정말 쉽지 않거든요.

```
clude <stdio.h>
clude <stdbool.h>

uct stats { int count; int sum; int sum_squares; };

d stats_update(struct stats * s, int x, bool reset) {
  if (s == NULL) return;
  if (reset) * s = (struct stats) { 0, 0, 0 };
  s->count += 1;
  s->sum += x;
  s->sum_squares += x * x;

ble mean(int data[], size_t len) {
  struct stats s;
  for (int i = 0; i < len; ++i)
    stats_update(&s, data[i], i == 0);
  return ((double)s.sum) / ((double)s.count);

d main() {
  int data[] = { 1, 2, 3, 4, 5, 6 };
  printf("MEAN = %lf\n", mean(data, sizeof(data) / sizeof(data[0])));
```

```
ackage com.beginnersbook;
mport java.util.Scanner;
ublic class JavaExample
  public static void main(String args[])
  {
    int num, temp, digit, count = 0;

    //getting the number from user
    Scanner scanner = new Scanner(System.in);
    System.out.print("Enter any number:");
    num = scanner.nextInt();
    scanner.close();

    //making a copy of the input number
    temp = num;

    //counting digits in the input number
    while(num > 0)
    {
      num = num / 10;
      count++;
    }
    while(temp > 0)
```

C 코드의 예   JAVA 코드의 예

그런데 코딩은 어려운 코딩 언어로만 할 수 있는 것은 아니에요.

어린이들도 이해할 수 있는 쉬운 언어가 있거든요.

그것은 바로 스크래치, 엔트리와 같은 블록 코딩(block coding) 언어예요.

스크래치(Scratch)   엔트리(Entry)

블록 코딩 언어는 글자를 쓰는 대신 여러 블록들을 뭉쳐 하나의 덩어리로 만들어서 사용해요. 블록 하나하나가 명령을 뜻해서 블록 덩어리는 여러가지 명령들을 컴퓨터가 차례차례 실행할 수 있게 해줘요.

어려운 글자들을 쓰는 대신 블록을 이용해서 코딩을 한다니 어렵지 않을 것 같죠?

우리가 배울 어린이 스크래치도 블록 코딩 언어를 사용했답니다.

스크래치, 엔트리보다 더 쉬운 모습이에요.

그러니 부담 없이 자신 있게 도전할 수 있어요!

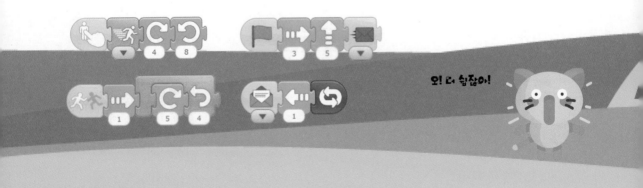

너무 쉬워서 제대로 코딩을 배우지 않는 것 같아 아쉽나요?

절대 그렇지 않아요!

블록을 사용하지만 블록 코드는 글로 쓰는 코드와 모양이 다를 뿐

그 내용이 다르지 않아요.

예를 들어 볼까요?

블록 코딩 언어 중 하나인 엔트리는 파이썬이라는 언어로 바꿔서 사용할 수 있는데요.
두 개의 코드는 형태가 달라도 컴퓨터에게 똑같은 명령을 내리게 돼요. 다른 블록 코드들도 마찬가지예요.

즉, 블록 코드는 쉽게 코딩을 배울 수 있으면서도 나중에 글로 쓴 코딩을 위한 좋은 기초가 된답니다.

블록 코딩은 코딩을 쉽게 배울 수 있다는 좋은 점이 있다는 것을 알게 됐어요.
그런데 이와 같은 코딩은 배우면 무엇이 좋을까요?

첫째, 코딩은 앞으로의 살아가야 할 사회에서 꼭 필요한 지식을 얻을 수 있어요.

우리가 살고 있는 사회에서는 예전보다 컴퓨터와 관련된 기술이 많이 활용되고 있어요. 요즘 주변에서 자주 볼 수 있는 인공지능 스피커, 무인 편의점, 음식 서빙 로봇 등은 불과 몇 년 전만 해도 상상 속의 물건들이었지요. 기술의 발전 속도도 점점 빨라지고 있고요. 앞으로도 보다 많은 분야에서 발전된 기술들이 활용되겠죠?
그렇다면 여러분이 나중에 직업을 가질 때에도 많은 부분에서 코딩과 관련된 지식이 필요할 수 있어요. 꼭 프로그래머가 되지 않더라도 말이죠. 지금 영어 실력이 중요한 것처럼 앞으로는 코딩 지식을 얼마나 알고 활용할 수 있는가가 중요해 질 수 있어요.

다가올 디지털 시대에 따른 직업에 대한 준비를 위해서는 코딩 교육이 필요합니다.

오바마 전 미국 대통령

둘째, 창의적으로 문제를 해결할 수 있는 능력을 길러줘요.

코딩은 컴퓨터로부터 원하는 결과를 얻기 위해 여러가지 문제를 해결해 나가는 과정이에요. 1부터 100까지 모두 더하는 계산을 예로 들어볼까요? 컴퓨터에게 내릴 수 있는 명령 방법에는 여러가지가 있어요. 1부터 100까지 숫자를 모두 써서 더하도록 하거나 1씩 더해지는 숫자를 100번 반복해서 계산하는 방법 등이 있지요. 방법을 선택했다면 코드를 만들어야 해요. 코드는 창의력을 동원해야 보다 이해하기 쉽고 가능한 짧게 만들 수 있어요. 이처럼 코딩은 여러 문제들을 효율적이고 연속적으로 해결하는 과정이고 이 과정에서 창의력과 문제 해결력을 기를 수 있어요.

모든 사람은 코딩을 배워야 합니다.
왜냐하면, 코딩은 생각하는 방법을 가르쳐 주기 때문입니다.

스티브 잡스 애플 전 최고 경영자

1.2 어린이 스크래치는 무엇인가요?

어린이 스크래치는 스크래치 주니어(ScratchJr)를 한글화하고, 일부 기능과 콘텐츠를 더한 어린이 코딩 교육 프로그램이에요. 스크래치 주니어는 만 5-8세(유치원생–초등학교 3학년) 어린이들이 쉽게 코딩을 시작할 수 있도록 만든 블록 코드를 이용한 프로그램이고요. 어린이 스크래치도 같은 목적으로 만들어졌어요.

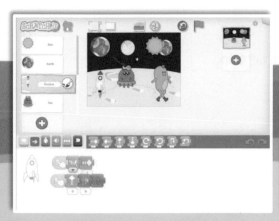

스크래치 주니어   어린이 스크래치

스크래치 주니어는 참 좋은 프로그램이지만 한글 버전이 없어서 영어에 익숙하지 않은 어린이들에게는 어려움이 있었어요. 그래서 메뉴와 블록의 이름을 모두 한글화하여 영어로 인한 어려움 없이 코딩 학습에만 집중할 수 있도록 했답니다.

한글로 되어 있으니
코딩에만 집중!

안녕

🐾 **어린이 스크래치란 무엇이며 좋은 점을 알아 봐요.**

그리고 어린이 스크래치에는 많은 캐릭터와 배경이 들어 있어요. 캐릭터와 배경은 코딩을 위한 도구일 뿐이지만 멋진 작품을 만들기 위해서는 꼭 필요하겠죠?
내가 원하는 캐릭터와 배경을 골라 코딩해 보세요.

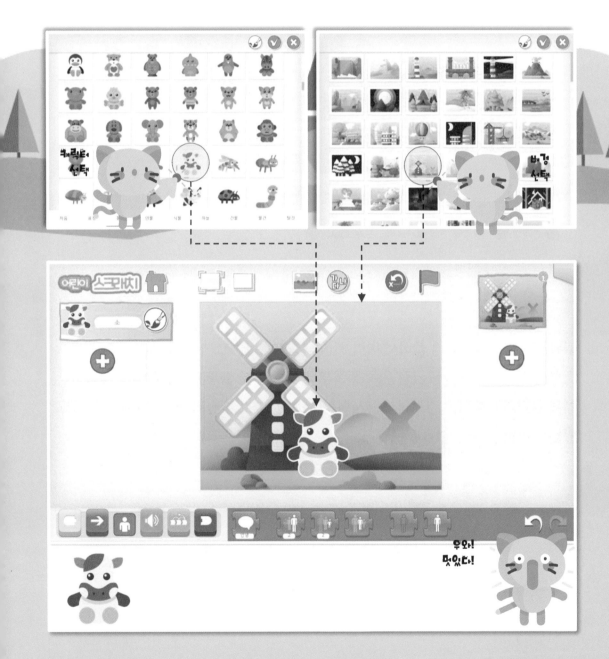

어린이 스크래치는 캐릭터를 선택하고 블록들을 이용해 코딩할 수 있어요. 먼저 캐릭터를 선택하고 프로그래밍 영역이라는 곳에 사용하기 원하는 블록들을 드래그해서 넣어요. 나중에 자세히 설명해줄 테니 지금은 보기만 해도 돼요.

블록들은 서로 자석처럼 붙여서 여러 개를 연결할 수 있어요.
블록 덩어리의 블록들은 가장 왼쪽 블록부터 오른쪽 끝 블록까지 순서대로 실행돼요.
현재 실행중인 블록은 강조돼서 표시되는데요. 이를 보고 현재 어떤 블록이 실행되고 있는지 확인할 수 있답니다.

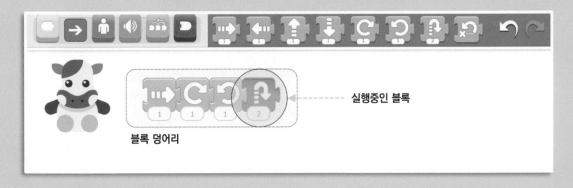

블록들의 실행 방법은 여러가지가 있지만 그냥 블록을 직접 눌러도 실행이 돼요.
캐릭터가 블록의 실행에 따라 여러가지 움직임을 보여주는 것을 확인할 수 있지요.

이와 같이 어린이 스크래치는 블록들을 이용해 캐릭터에 코딩을 할 수 있어요. 캐릭터마다 여러 블록 덩어리를 만들 수 있고 캐릭터들을 동시에 움직이게 하거나 부딪치면 움직이도록 할 수 있으니 재미있는 작품을 만들 수 있겠죠?

이처럼 어린이 스크래치는 블록들의 조작만으로 코딩을 배울 수 있도록 만든 쉬운 블록 코딩 프로그램이에요. 안드로이드, IOS(아이폰, 아이패드) 뿐만 아니라 윈도우 PC, 웹 브라우저에서도 사용이 가능하니 가지고 있는 기기를 활용해서 이 책과 함께 즐겁게 코딩을 배워봐요!

태블릿, PC
어디서든 사용할 수 있지!

2. 코딩 시작하기

어린이 스크래치를 실행해 보고
사용되는 용어와 기능을 살펴 봐요.

어린이 스크래치는 안드로이드, IOS, 윈도우 PC, 웹 브라우저에서 실행할 수 있어요.
실행 환경마다 조금씩 다를 수는 있지만 대체로 모든 환경에서 비슷하게 동작해요.
기기별로 프로그램 설치 방법은 이 책의 '4장 프로그램 안내'를 부모님과 함께 보고
따라해주세요.

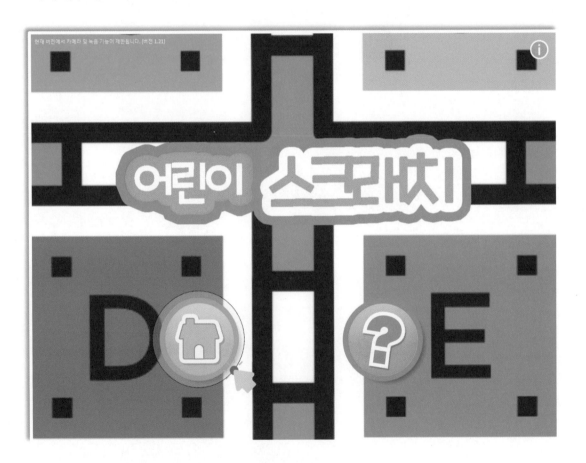

처음 프로그램을 실행하면 나오는 화면이에요.
집 모양의 버튼을 누르면 '내 프로젝트' 화면이 나와요.
내 프로젝트 화면은 새로운 프로젝트를 제작하고, 내가 만든 프로젝트들을 보거나
없앨 수 있는 곳이에요.

🐾 **어린이 스크래치에 있는 여러 화면들을 살펴 봐요.**

처음 어린이 스크래치를 시작했다면 내 프로젝트 화면에 아무것도 없고 + 버튼만 있을 거예요. 나중에 프로젝트들을 만들면 이 곳에 여러 프로젝트들이 보일 거예요.

어린이 스크래치에서 프로젝트란 무엇인가요

프로젝트란 어린이 스크래치로 제작된 캐릭터, 캐릭터에 포함된 코드, 배경, 페이지를 모두 포함하는 하나의 작품을 의미해요. 프로젝트는 만들기에 따라 게임이 될 수도 이야기가 될 수도 있어요.
프로젝트에는 제목을 붙일 수 있고 내 프로젝트 화면에서 제목과 함께 작은 그림으로 표시가 돼요.

다음은 위쪽의 책 모양 아이콘을 누르면 나오는 '기초 예제 & 동화책' 화면이에요. 이곳에는 우리가 공부할 기초 예제들과 동화책 프로젝트들이 있어요.

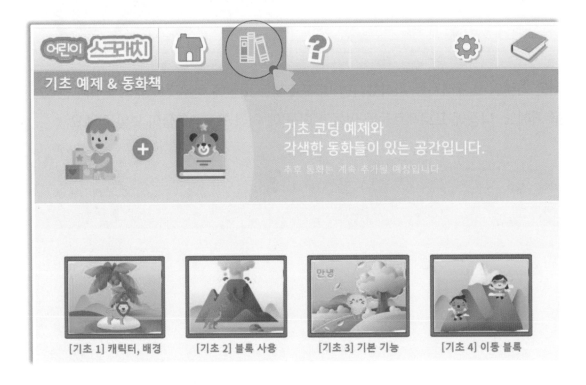

그 옆에 있는 물음표 버튼을 누르면 '소개 영상 & 샘플' 화면이 나와요. 어린이 스크래치 소개 영상은 짧은 시간에 프로그램 전체를 확인할 때 도움이 되고요. 샘플 프로젝트는 여러분이 공부하기에는 아직 어려운 것들이 많으니 살펴만 보세요.

톱니바퀴 모양의 버튼을 누르면 '언어 선택' 화면이 나와요. 혹시 한국어가 아닌 다른 언어로 나올 때에는 이 버튼을 눌러서 한국어를 선택해 주세요.

펼쳐진 책 아이콘의 '도움말' 화면에서는 프로그램의 기능 관련 설명을 볼 수 있어요.

2.2 프로젝트를 만들어 봐요

이번에는 새로운 프로젝트를 만들어 봐요. '내 프로젝트' 화면에서 파란색 원의 +
버튼 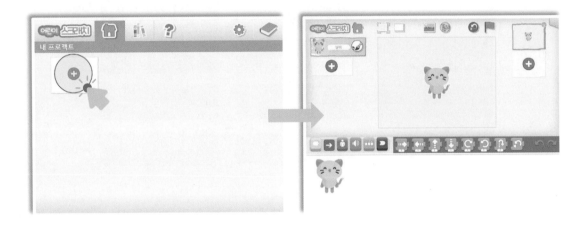 을 누르면 새로운 프로젝트가 시작돼요.

캐릭터 영역   무대 영역   페이지 영역

코딩 영역

🐾 프로젝트를 만들고 없애 봐요.

🐾 프로젝트의 이름을 바꿔 봐요.

프로젝트를 만드는 화면에 대해 알아볼까요? '프로젝트 만들기' 화면은 4개의 영역으로 되어 있어요.

캐릭터 영역

내가 만든 캐릭터들을 관리하는 곳이에요. ➕ 버튼을 누르면 캐릭터를 추가할 수 있고요. 캐릭터를 길게 누르면 캐릭터를 지울 수 있는 ✖ 버튼이 나와요.

코딩 영역 🐱

블록을 이용해 캐릭터에 코딩을 하는 곳이에요. 캐릭터 영역에서 코딩이 필요한 캐릭터를 선택하고요. 블록을 이용해 캐릭터의 코딩 영역에 코딩할 수 있어요.

페이지 영역 ➕

페이지를 관리하는 곳이에요. 페이지마다 다른 캐릭터와 배경을 만들 수 있어요. 최대 4개까지 만들 수 있고요. 캐릭터와 같이 ➕ 버튼으로 추가할 수 있어요.

무대 영역

캐릭터와 배경이 보이고 코딩 내용에 따라 캐릭터가 움직이게 되는 공간이에요. 코딩의 결과를 눈으로 확인할 수 있는 곳이죠.

어린이 스크래치의 네가지 영역에 대해 살펴 봤나요?

처음 프로젝트를 시작할 때 무대에 있는 캐릭터를 「냥이」라고 해요. 「냥이」는 드래그해서 이곳 저곳으로 움직이게 할 수 있어요.

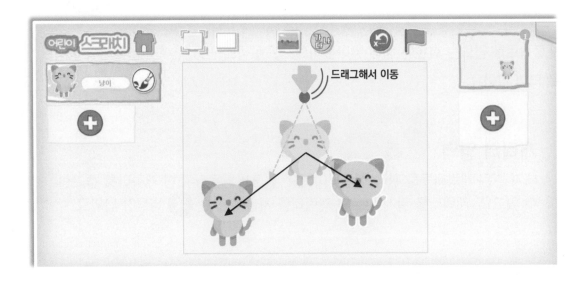

코딩 영역에 있는 아무 블록이나 가져와서 누르면 「냥이」가 블록에 따라 움직이는 것을 볼 수 있어요. 한번 해 보세요.

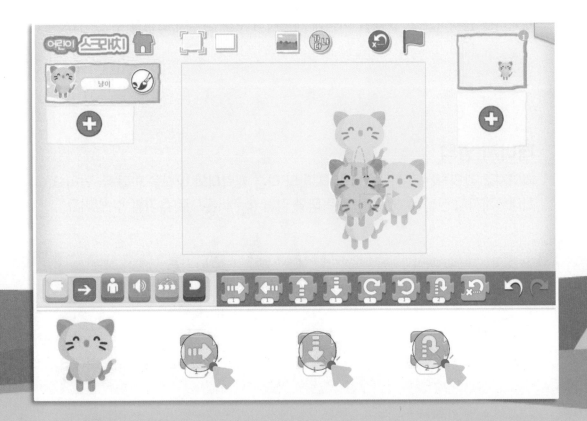

실제 코딩을 하고 캐릭터와 배경을 꾸미는 것은 나중에 본격적으로 해 보도록 하고요.
지금은 프로젝트의 제목을 바꾸는 방법을 알아 봐요.
화면 오른쪽 위에 있는 정보 버튼이란 노란색 버튼  을 누르면 프로젝트의 제목을
바꿀 수 있는 화면이 나와요.

여기에서 원래 제목을 지우고 프로젝트의 새 제목을 쓸 수 있어요. 원하는 대로
제목을 바꾸고 오른쪽 위 체크 버튼을 누르면 '프로젝트 만들기' 화면으로 돌아가요.

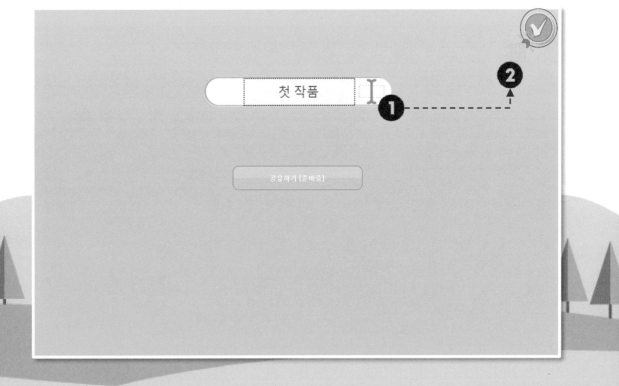

프로젝트의 바뀐 내용은 자동으로 저장이 돼요.

그래서 '내 프로젝트' 화면으로 나가면 새로 만들어진 프로젝트를 확인할 수 있어요.

화면 왼쪽 위에 있는 집 모양의 버튼 🏠 을 눌러주세요.

'내 프로젝트' 화면에 내가 만든 작품이 있을 거예요.

앞으로 작품들을 만들면 이 곳에 여러 작품들이 보일 거예요.

만든 프로젝트를 다시 보려면 '내 프로젝트' 화면에서 원하는 프로젝트를 누르면
돼요. 프로젝트를 지우려면 우선 지우기를 원하는 프로젝트를 길게 눌러 주세요.

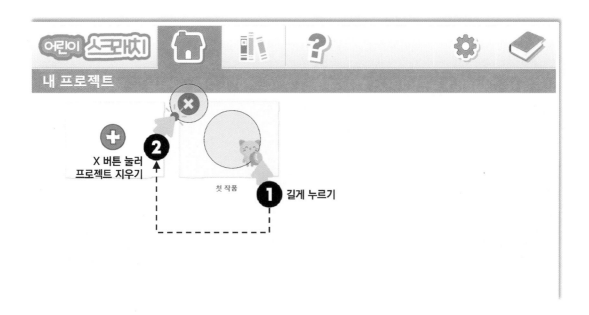

그렇게 하면 프로젝트 왼쪽 위에 ⊗ 버튼이 보이는데 이 ⊗ 버튼을 누르면
프로젝트가 지워져요. 프로젝트를 한번 지우면 다시 되돌릴 수 없으니 꼭 지워야
하는 프로젝트만 지워 주세요.

 **사용하는 기능들을 배워 봐요**

버튼들을 하나하나 눌러보면서 프로젝트를 만드는데 필요한 기능들을 알아 봐요.

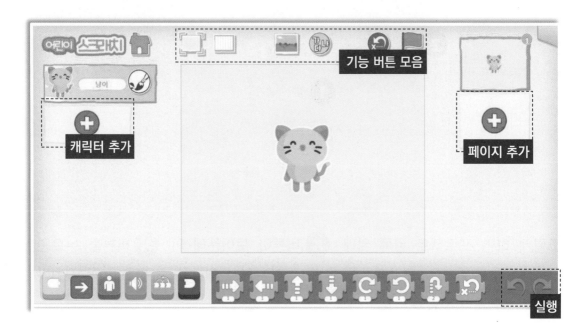

캐릭터 추가

버튼을 누르면 캐릭터를 넣을 수 있는 캐릭터 추가 화면으로 이동해요.
캐릭터 추가 화면에서 캐릭터를 고르면 무대에 캐릭터가 나타나요.

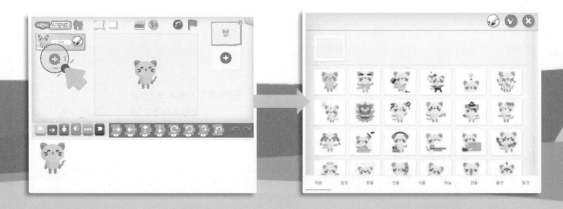

배울 것

🐾 **프로젝트를 만드는데 사용하는 기능들을 배워 봐요.**

캐릭터를 무대에 넣으려면 캐릭터 추가 화면에서 원하는 캐릭터를 두 번 누르거나, 한 번 누르고 오른쪽 위의 체크 버튼 ✅ 을 눌러주세요.

원하는 캐릭터를 화면을 움직이며 찾을 수도 있지만, 화면 아래에 있는 캐릭터 카테고리 버튼들을 이용하면 원하는 캐릭터가 있는 곳으로 보다 빨리 이동할 수 있어요.

가장 위에 있는 빈 캐릭터를 고르고 그림 편집기 🖌️ 버튼을 누르면 처음부터 캐릭터를 그릴 수 있어요. 이미 있는 캐릭터를 고르고 그림 편집기 🖌️ 버튼을 누르면 선택한 캐릭터를 편집할 수 있고요. '3.기타 그림 그리기'에서 자세히 배울 거예요.

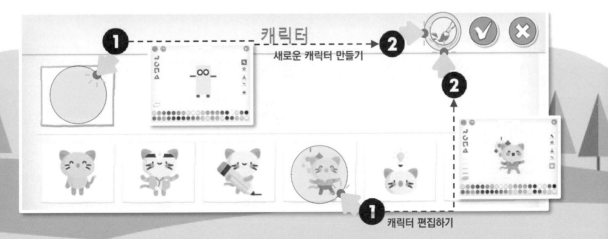

캐릭터가 무대에 나타났어요! 무대에 있는 캐릭터는 드래그해서 원하는 위치로 옮겨 놓을 수 있어요.

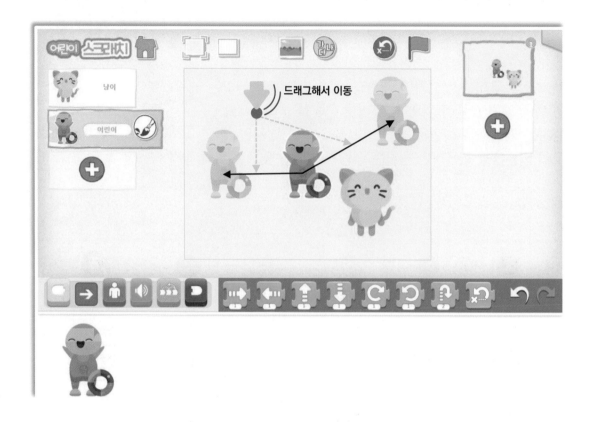

무대에 있는 캐릭터는 길게 누르면 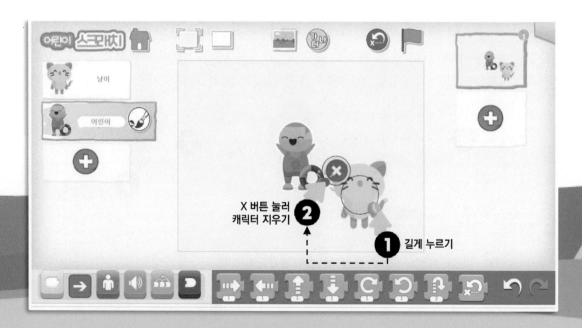 버튼이 보여요. 버튼을 누르면 캐릭터를 지울 수 있어요.

페이지 추가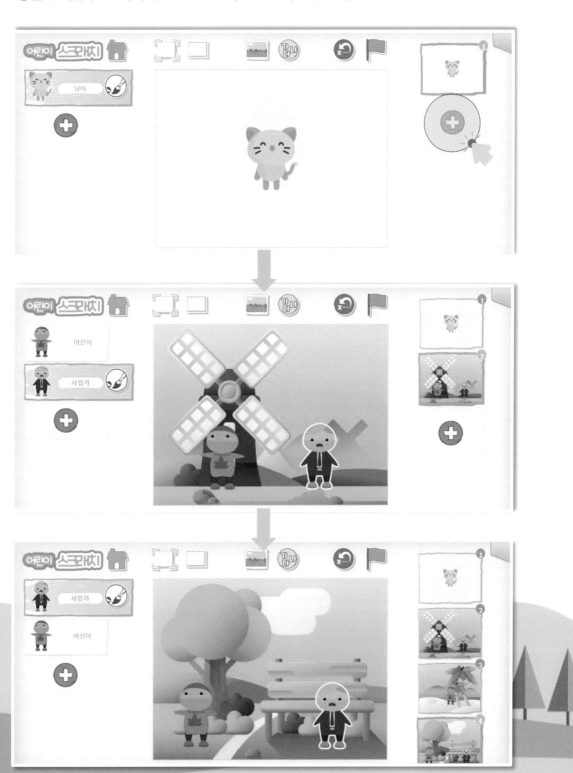

버튼을 누르면 새로운 페이지가 생겨요. 페이지마다 서로 다른 캐릭터와 배경을 넣을 수 있어요. 페이지는 한 프로젝트에 4개까지 만들 수 있고요.

페이지는 드래그해서 순서를 바꿀 수 있어요.

한 페이지에 있는 캐릭터를 다른 페이지에 드래그해서 복사할 수도 있고요.

페이지를 길게 누르면 나오는 ✕ 버튼을 이용해서 페이지를 지울 수 있어요.

실행

내가 했던 실행을 취소하거나 취소한 것을 다시 실행할 때 사용하는 버튼이에요. 캐릭터나 배경, 블록, 페이지를 넣거나 없앴던 것을 취소하고 다시 실행할 수 있어요. 취소 할 것이 있을 때는 실행 취소 버튼이 하얀색으로 표시되고, 다시 실행할 것이 있을 때는 다시 실행 버튼이 하얀색으로 표시돼요. 직접 드래그해서 옮긴 캐릭터의 위치는 실행 취소를 할 수 없어요.

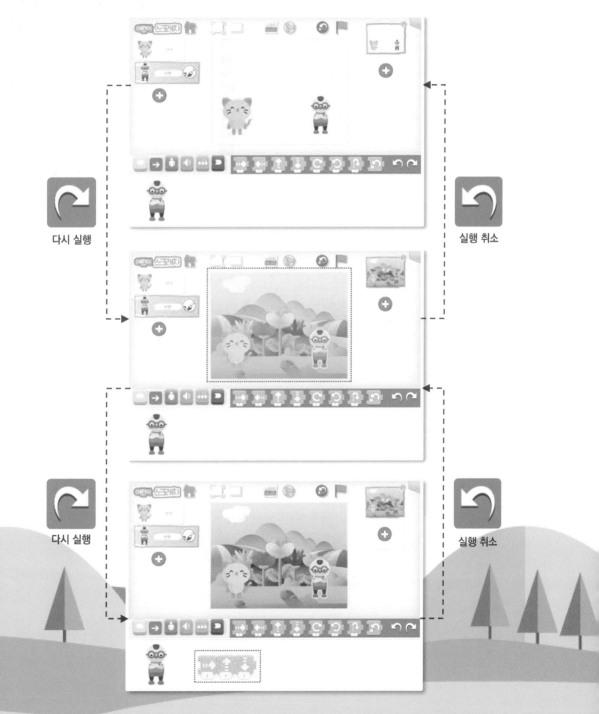

기능 버튼 모음

① 전체화면 모드

무대만 전체화면으로 볼 수 있도록 해줘요. 전체화면인 상태에서 왼쪽 위에 있는 　 버튼을 누르면 원래 화면으로 돌아가요.

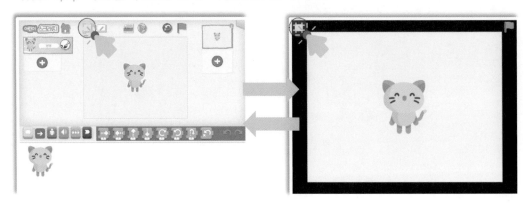

② 가로세로줄 모드

무대에 가로와 세로로 줄을 만들어 줘요. 캐릭터를 정확한 위치에 놓을 때나 이동 거리를 확인할 때 유용해요. 　 를 누르면 가로세로줄이 사라져요.

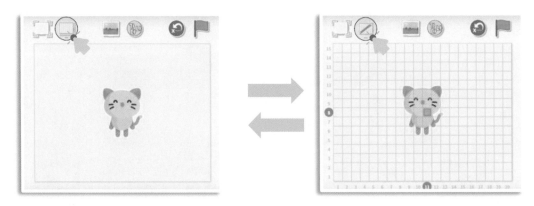

③ 배경 선택

현재 페이지의 배경을 선택할 수 있는 배경 선택 화면으로 이동해요. 배경은 새로 그릴 수도 있고 목록 중에서 하나를 선택할 수도 있어요.

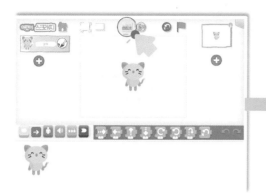 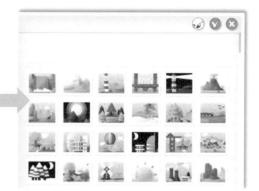

배경 선택 버튼을 누르면 배경 선택 화면으로 이동해요. 원하는 배경을 두 번 누르거나, 한 번 누르고 위쪽의 체크 버튼 ✔ 을 누르면 배경이 선택돼요.

비어 있는 배경을 고르고 그림 편집기 🎨 버튼을 누르면 배경을 새로 그릴 수 있어요. 목록에서 배경을 고르고 그림 편집기 🎨 버튼을 누르면 선택한 배경을 편집할 수 있어요.

④ 텍스트 넣기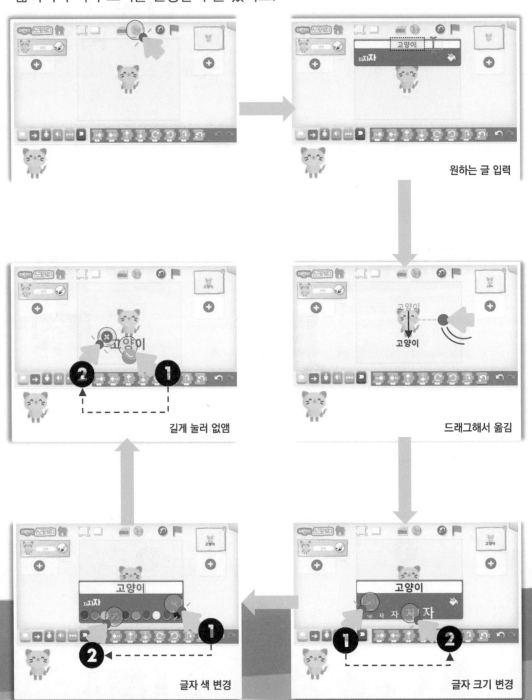

무대에 텍스트(글)를 넣을 수 있어요. 텍스트는 코딩을 할 수 없지만 위치를
옮기거나 색과 크기를 변경할 수는 있어요.

원하는 글 입력

드래그해서 옮김

길게 눌러 없앰

글자 색 변경

글자 크기 변경

⑤ 되돌리기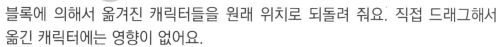

블록에 의해서 옮겨진 캐릭터들을 원래 위치로 되돌려 줘요. 직접 드래그해서
옮긴 캐릭터에는 영향이 없어요.

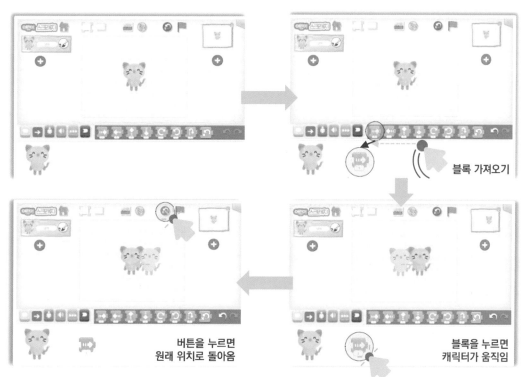

블록 가져오기

버튼을 누르면
원래 위치로 돌아옴

블록을 누르면
캐릭터가 움직임

⑥ 녹색 깃발

나중에 배울 {녹색 깃발에서 시작 🚩}이란 블록이 있는데요. 녹색 깃발 🚩 을
누르면 {녹색 깃발에서 시작 🚩} 블록이 있는 캐릭터들이 동시에 움직여요.

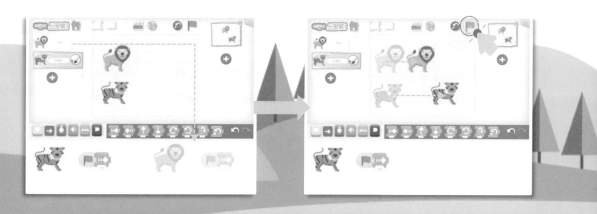

 2.4 사용하는 블록들을 배워 봐요

코딩 영역에 사용하는 블록들은 캐릭터들을 원하는 대로 동작하도록 코딩하는데 필요해요.

캐릭터가 춤추는 것처럼 움직이게 하거나 소리를 내게 할 수 있고요. 캐릭터들끼리 대화하는 상황을 만들거나 부딪치면 놀라는 것과 같이 만들 수도 있어요.

블록을 사용하기 위해서는 먼저 캐릭터 영역에서 코딩하기 원하는 캐릭터를 선택해요. 다른 캐릭터를 선택하면 그 캐릭터에 코딩을 하게 되니 주의해야 해요.

그리고 블록 카테고리라는 곳에서 카테고리를 선택하고, 사용하기를 원하는 블록을 찾아 코딩 영역에 드래그해서 가져다 놔요.

여러 블록들이 연속해서 동작하게 하고 싶다면 블록들을 서로 붙여 놓으면 돼요. 블록들은 자석처럼 붙였다가 뗄 수 있어요.

필요 없어진 블록은 코딩 영역 바깥으로 드래그하면 없앨 수 있어요.

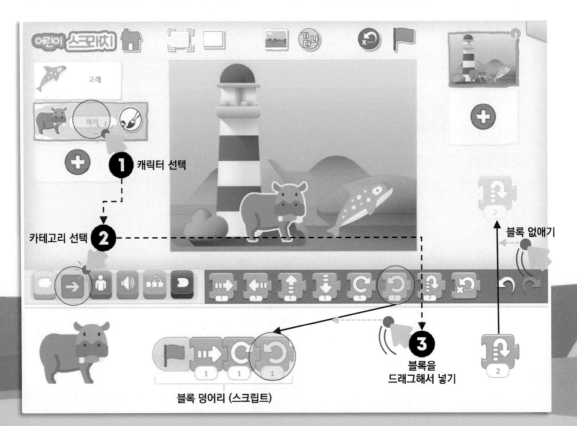

❂ 블록을 넣고 없애는 방법을 알아 봐요.

❂ 캐릭터에 코딩할 때 사용하는 블록들의 기능을 배워 봐요.

그렇다면 본격적으로 코딩을 하기 전에 여러 블록들의 기능을 먼저 알아볼까요?
우선 여러 블록 카테고리에는 어떤 블록들이 포함되어 있는지 확인해 봐요.

≣ 블록 카테고리

 시작 카테고리: 스크립트의 시작을 위한 블록들이 있어요.

 이동 카테고리: 캐릭터의 움직임과 관련된 블록들이 있어요.

 모양 카테고리: 캐릭터의 말, 크기, 표시와 관련된 블록들이 있어요.

 소리 카테고리: 효과음을 넣을 수 있는 블록들이 있어요.

 ・・・

 제어 카테고리: 정지, 빠르기, 반복과 관련된 블록들이 있어요.

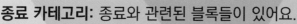 **종료 카테고리:** 종료와 관련된 블록들이 있어요.

블록 카테고리에는 위와 같이 시작, 이동, 모양, 소리, 제어, 종료 6가지가 있어요. 각 카테고리에 들어 있는 블록들의 기능에 대해 알아 봐요.

시작 카테고리

 녹색 깃발에서 시작
녹색 깃발 버튼을 누르면 스크립트가 시작돼요.

 탭하면 시작
캐릭터를 누르면 스크립트가 시작돼요.

 닿으면 시작
캐릭터가 다른 캐릭터에 닿으면 스크립트가 시작돼요.

 메시지가 오면 시작
메시지를 받으면 스크립트가 시작돼요.

 메시지 보내기
메시지가 오면 시작 블록에 메시지를 보내요.

스크립트란 연속해서 실행되는 블록들의 덩어리에요.

스크립트란 서로 붙어 있는 블록들의 덩어리를 말해요. 보통 시작 블록으로 시작되고요. 가장 왼쪽의 블록부터 하나씩 블록이 실행돼요.
블록들은 서로에게 영향을 줄 수 있어요. 만약 {속도 조절 🚶 } 블록이 있고 '느리게' 를 선택한다면 다음에 오는 이동 블록들은 느리게 움직이게 돼요.
블록들을 연결하여 덩어리로 만드는 것을 '스크립트를 만든다' 라고 말해요.

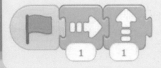 

→ 이동 카테고리

 오른쪽으로 이동
캐릭터를 숫자만큼 오른쪽으로 움직여요.

 왼쪽으로 이동
캐릭터를 숫자만큼 왼쪽으로 움직여요.

 위로 이동
캐릭터를 숫자만큼 위로 움직여요.

 아래로 이동
캐릭터를 숫자만큼 아래로 움직여요.

 오른쪽으로 회전
캐릭터를 시계 방향으로 숫자만큼 회전해요. 12가 한 바퀴예요.

 왼쪽으로 회전
캐릭터를 시계 반대 방향으로 숫자만큼 회전해요. 12가 한 바퀴예요.

 **점프**
캐릭터를 숫자만큼 위로 점프한 다음 아래로 내려와요.

 처음으로 이동
블록에 의해 옮겨진 캐릭터를 처음 위치로 돌려 놔요.

모양 카테고리

말하기
캐릭터 위의 말풍선으로 적은 내용을 표시해요.

크게 하기
캐릭터의 크기를 숫자만큼 키워요.

작게 하기
캐릭터의 크기를 숫자만큼 줄여요.

처음 크기
캐릭터를 처음 크기로 되돌려요.

숨기기
캐릭터를 무대에서 숨겨요.

보이기
무대에 숨겨진 캐릭터를 보이게 해요.

 # 소리 카테고리

효과음 재생
효과음을 넣을 수 있어요. 다양한 종류의 효과음이 있어요.

제어 카테고리

기다리기
입력한 숫자(숫자 1이 0.1초)만큼 스크립트 실행을 잠시 멈춰요.

멈추기
캐릭터에 포함된 모든 스크립트의 실행을 멈춰요.

속도 조절
캐릭터의 스크립트가 실행되는 속도를 바꿔요.

반복하기
반복하기 블록이 감싸고 있는 블록들을 숫자만큼 실행해요.

 ## 종료 카테고리

종료
스크립트의 끝을 나타내요. 꼭 필요하지는 않아요.

무한 반복하기
스크립트를 반복해서 실행해요.

페이지로 이동
프로젝트 안에서 선택한 페이지로 이동해요.

어린이 스크래치에서 사용되는 카테고리 별 블록들을 모아보면 다음과 같아요.

소리

제어

이동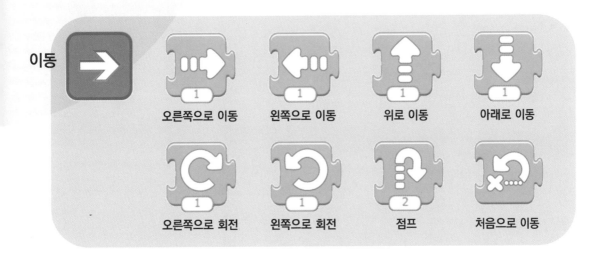

3. 코딩 도전하기

어린이 스크래치로 코딩하여 멋진 작품을 만들어 봐요.
작품을 만들다 보면 코딩 실력이 쑥쑥 오를 거예요.

'3장 코딩 도전하기'를 시작하기 전에 아래 내용을 읽어주세요.

코딩 과정에서 나오는 캐릭터의 이름은 「티라노」와 같이 '「'와 '」'로 둘러 쌓여 있어요. 「사자」, 「고래」와 같이 쓰여져 있는 것들은 캐릭터의 이름이라는 것을 알아 두세요.

「티라노」

배경의 이름도 마찬가지예요. 「공원」과 같이 '배경을 배경 선택 화면에서 「공원」으로 바꿔주세요.'처럼 '「'와 '」'사이에 쓰여져 있어요.

「공원」

블록의 이름은 {점프 }와 같이 '{' 와 '}'로 둘러 쌓여 있어요. '{오른쪽으로 이동 🐾}' 블록을 드래그해 코딩 영역에 옮겨주세요.'와 같이 쓰이게 돼요.

{점프 🦖}

블록이나 버튼의 누르기나 드래그를 표현하는 커서의 모양은 다음과 같은 의미가 있어요. 커서의 모양을 보고 어떻게 조작하면 되는지 알 수 있을 거예요.

누르기   2번 누르기   길게 누르기   드래그   스크롤   텍스트 쓰기

③ 내용은 다음과 같은 구조로 되어 있어요.

책의 내용은 보통 2개의 페이지에서 '설명 + A→B→C'의 구조로 되어 있어요. '설명'에 적혀 있는 내용을 먼저 살펴보고 그림을 'A→B→C' 순서로 따라해 보는 것이 좋아요. **글을 아직 잘 못 읽는 학생이라면 '설명' 부분은 부모님께서 도와 주시고 'A-B-C' 부분에 더 집중해 주세요.**

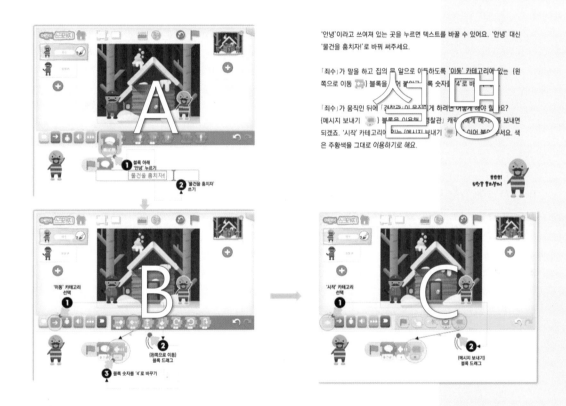

'안녕'이라고 쓰여져 있는 곳을 누르면 텍스트를 바꿀 수 있어요. '안녕' 대신 '물건을 훔치자'로 바꿔 써주세요.

「죄수」가 말을 하고 집의 문 앞으로 이동하도록 '이동' 카테고리에 있는 [왼쪽으로 이동] 블록을 어 붙이고 록 숫자를 '4'로 바

「죄수」가 움직인 뒤에 [경찰관 으지]게 하려면 어떻게 해야 될 요? [메시지 보내기] 블록을 이용해 경찰관」 캐릭 에게 메시 를 보내면 되겠죠. '시작 카테고리에 있는 [메시지 보내기 이어 붙여 세요. 색은 주황색을 그대로 이용하기로 해요.

④ 책의 내용을 이렇게 활용해 봐요.

우선 책에 나와 있는 대로 따라서 작품을 만들어 보세요. 책을 보고도 작품을 만드는 방법이 이해가 가지 않을 때는 '완성 작품'이라는 곳에서 QR코드를 들고 있는 냥이 캐릭터를 찾아 QR코드를 확인해 보세요. 작품을 완성 했다면 　　　　　 배운 내용을 활용해서 새로운 작품을 만들어 보거나 　　　　　 에 나온 내용을 따라해서 응용 작품을 만들어 보세요.

매일 사냥에 지친 사자가 섬으로 여행을 떠나고 싶어해요.

사자가 섬에서 평화롭게 여행을 즐길 수 있도록

배경으로 섬을 선택하고, 사자를 섬에 옮겨

쉴 수 있도록 만들어 주세요.

캐릭터, 배경 넣기

- 새로운 캐릭터를 넣거나 없애는 방법을 알아봅니다.
- 배경을 선택하는 방법을 알아봅니다.

캐릭터 추가 버튼
새로운 캐릭터를 무대에 추가합니다.

배경 선택 버튼
무대의 배경을 바꿉니다.

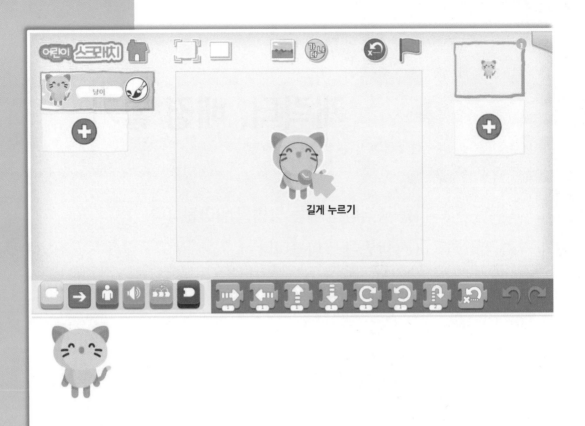

길게 누르기

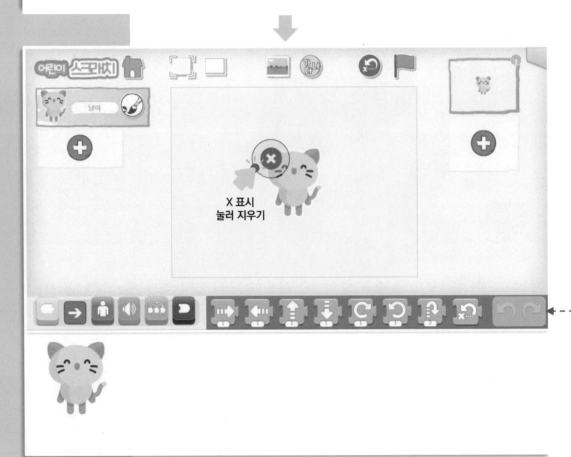

X 표시
눌러 지우기

① 캐릭터를 없애요.

처음 프로젝트를 열면 나오는 화면이에요.

하얀 배경에 「냥이」 캐릭터가 있을 거예요.

우리는 이번 시간에 「냥이」가 필요 없으니 없애 주세요.

나를 없애다니 슬표ㅠ

없애려고 하는 캐릭터를 길게 누르면

왼쪽 위에 X 표시가 있는  버튼이 나타나요.

이 ❌ 버튼을 누르면 캐릭터가 사라져요.

캐릭터를 길게 누를 때 흔들리면 안돼요!

컴퓨터로는 마우스로, 태블릿 PC로는 터치해서 캐릭터를 누르게 되는데요.

길게 누를 때 흔들리면 X 버튼이 나오지 않고 캐릭터가 움직여버릴 수 있어요.

따라서 길게 누를 때는 되도록 움직이지 않도록 해주세요.

조작하다 실수해도 되돌릴 수 있어요.

화면의 오른쪽 중간 즈음에 있는 실행 취소 ↶ 버튼을 이용하면 실행했던 것을 되돌릴 수 있어요. 다시 실행하려면 다시 실행 ↷ 버튼을 이용해요.

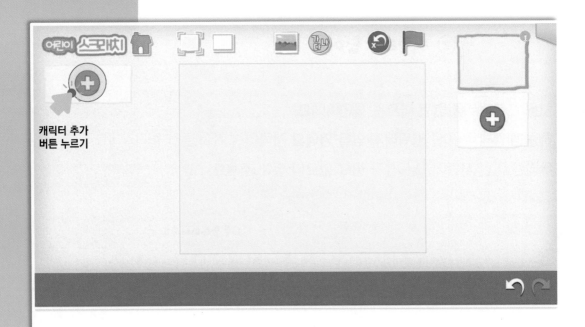

캐릭터 추가
버튼 누르기

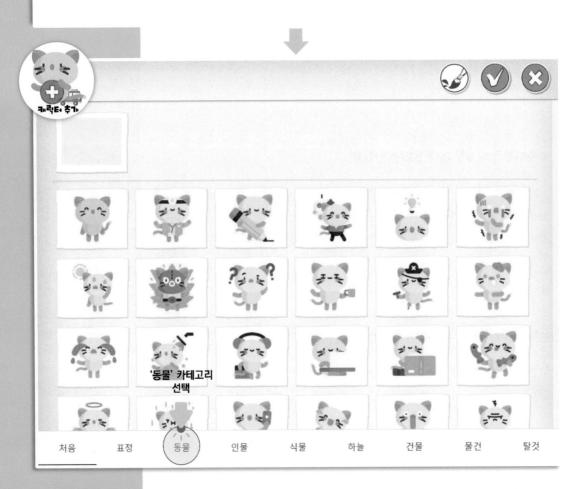

'동물' 카테고리
선택

처음   표정   동물   인물   식물   하늘   건물   물건   탈것

② 캐릭터를 넣어요.

「냥이」가 사라지면 무대가 빈 공간이 돼요.
새로운 캐릭터를 넣기 위해 캐릭터 영역의 캐릭터 추가 버튼을 눌러주세요.

그렇게 하면 캐릭터 추가 화면이 나오는데요.
화면 아래에 있는 '동물' 카테고리를 누르고,
「사자」를 선택한 다음 화면 오른쪽 위의 체크 버튼을 눌러주세요.
「사자」를 두 번 빠르게 눌러도 돼요.

나를 선택해 줘서
고마워!

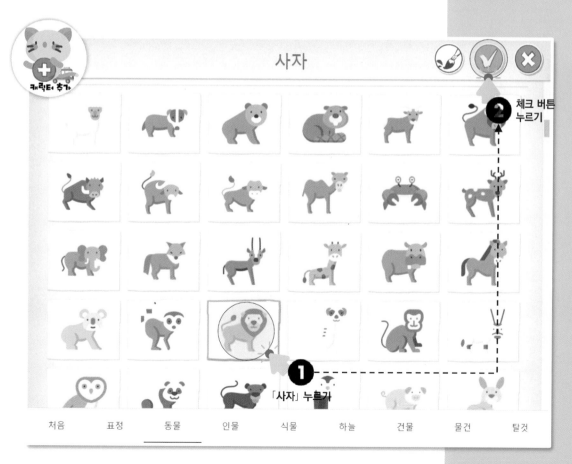

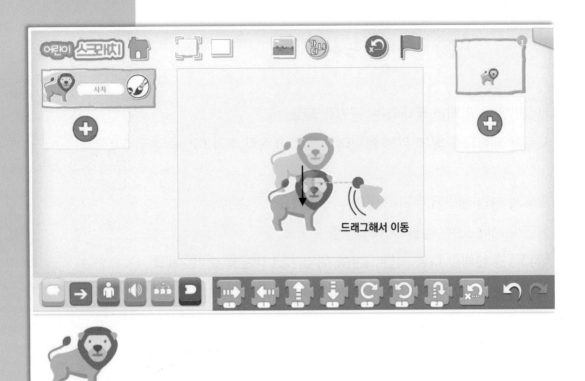

드래그해서 이동

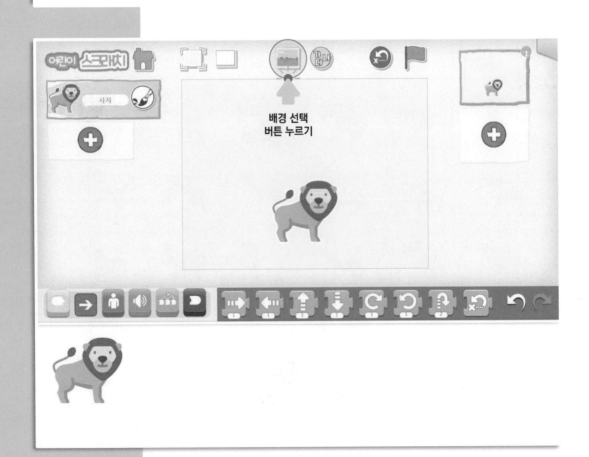

배경 선택
버튼 누르기

③ 캐릭터를 옮겨요.

캐릭터를 누른 상태에서 다른 곳으로 움직이면
캐릭터의 위치를 바꿀 수 있어요.
「사자」를 조금 아래로 옮겨주세요.

마지막에 드래그한 캐릭터가 가장 위에 와요.

어린이 스크래치의 캐릭터들에는 위 아래 순서가 있어요. 여러 캐릭터들이
있으면 겹쳐 보이는데요. 아래에 가려져 있는 캐릭터를 위에 놓고 싶으면 그
캐릭터를 조금이라도 드래그해서 움직이면 돼요.

아래에 있는
캐릭터 드래그

④ 배경을 넣어요

배경 선택 버튼을 눌러 배경을 넣어 봐요.

캐릭터 추가, 배경 선택 화면은 화면 크기에 따라 보이는 것이 달라질 수 있어요.

사용중인 태블릿 PC나 컴퓨터의 화면이 옆으로 길면 한 줄에 더 많은 캐릭터나
배경이 보이게 돼요. 따라서 캐릭터나 배경을 찾을 때 책에 나온 것과 조금 다른
위치에 찾는 것이 있을 수 있음을 주의해 주세요.

7인치
태블릿

Full HD
모니터

아래로 스크롤

체크 버튼
누르기

섬

1 「섬」누르기

2

배경 선택 화면에는 다양한 배경들이 있어요.

마우스나 터치를 이용해 화면을 아래로 스크롤하면

「섬」배경이 있어요.

이것을 두 번 누르거나,

한번 누르고 오른쪽 위의 체크 버튼을 누르면 배경이 선택돼요.

다른 배경을 넣고 싶다면 지금과 같이 배경 선택 화면에서 새로운

배경을 선택하면 돼요.

배경을 새로 만들거나 조금 바꿔서 이용할 수도 있어요.

배경을 하나 선택하고 이 버튼을 누르면 배경을 수정할 수 있어요.

빈 배경을 선택하고 버튼을 누른다면 흰 종이에 배경을 새로 만들 수 있어요.

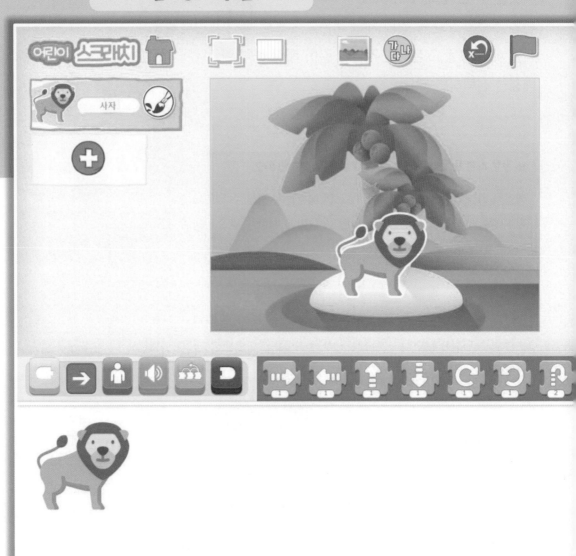

완성 작품

캐릭터와 배경을 넣거나 없애는 방법에 대해서 알아 보았어요.

어린이 스크래치에는 다양한 캐릭터와 배경이 있어요. 캐릭터와 배경을 이용해서 멋진 나만의 작품을
만들 수 있답니다. 그래도 캐릭터와 배경을 고르는데 너무 많은 고민을 하지 마세요! 우리가 배워야 할
것은 꾸미기가 아닌 코딩이니까요!

이번 학습 내용은 본격적인 코딩을 학습하기 이전에 코딩에 이용되는 캐릭터와 배경을 이용하는 방법을 다루고 있습니다. 실제 코딩에서 캐릭터는 개체(object)라고 표현되며, 코딩한 내용에 따라 형태와 움직임의 변화하게 됩니다.

캐릭터와 배경의 사용법에 익숙해지는 것은 앞으로의 학습에 필요하므로, 학생이 다양한 캐릭터와 배경을 넣어볼 수 있도록 허용해주시기 바랍니다. 단, 고르는데 너무 많이 고민하거나 시간을 할애하지는 않도록 지도 부탁드립니다.

작품 QR 코드

더 배워 보기!

새로운 캐릭터와 배경을 넣어봐요.

어린이 스크래치에는 다양한 캐릭터와 배경들이 있어요.
마음에 드는 다른 캐릭터들도 넣고 배경도 바꿔 보세요.

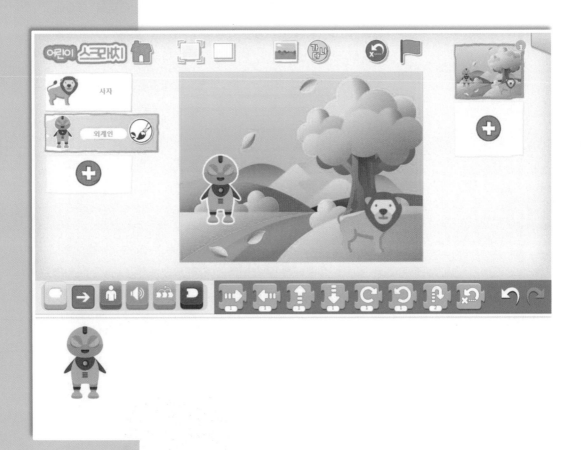

여러 캐릭터들은 나중에 코딩하여 모두 함께 움직이게 하거나 서로 영향을
주도록 만들 수 있어요. 내가 생각하는 작품에는 어떤 캐릭터가 들어가면
좋을지 생각해 보세요.

코딩 도전하기   067

공룡 시대에 티라노가 살고 있어요.

티라노는 무서운 모습을 하고 있지만 더욱 무섭게 보이기를 원하죠.

티라노가 무서워 보일 수 있도록 발걸음마다

땅이 울리는 듯한 티라노의 움직임을 만들어 봐요.

3.2 블록 사용 방법 알기

- 블록을 코딩 영역에 넣어 실행해 봅니다.
- 블록들을 서로 연결하여 스크립트를 만들어 봅니다.

스크립트
캐릭터를 움직이게 하는 서로 붙어 있는
블록들의 덩어리예요.

되돌리기 버튼
블록에 의해 옮겨진 캐릭터를 처음 위치로
돌려 놔요.

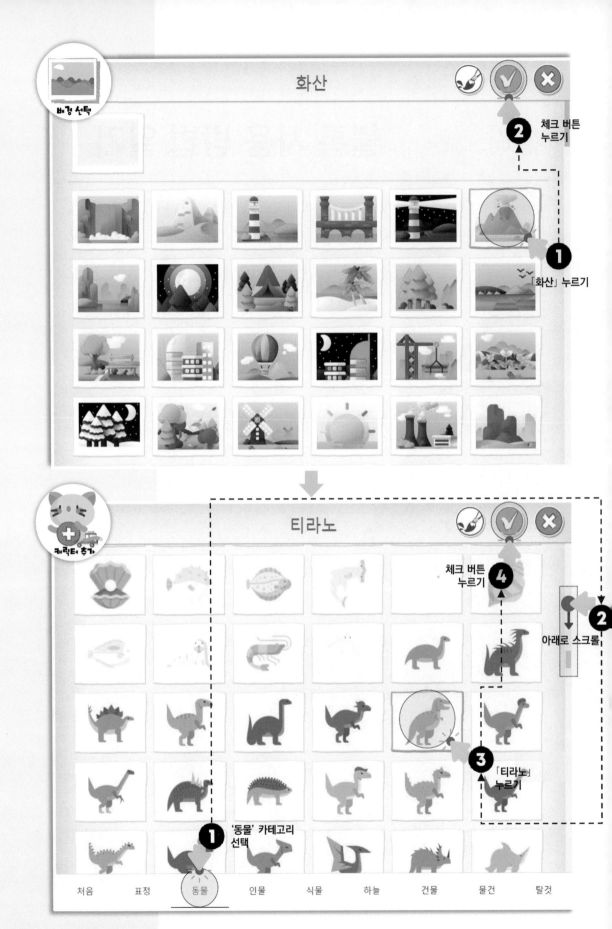

화산

배경 선택

② 체크 버튼
누르기

① 「화산」 누르기

캐릭터 추가

티라노

체크 버튼
누르기 ④

② 아래로 스크롤

③ 「티라노」
누르기

① '동물' 카테고리
선택

처음   표정   동물   인물   식물   하늘   건물   물건   탈것

① 캐릭터와 배경을 넣어요.

우리는 지난 시간에 캐릭터와 배경을 넣는 방법을 배웠었죠? 새 프로젝트를 시작하고「냥이」캐릭터를 지워주세요.

우리가 배운 방법대로 배경 선택 화면에서 배경으로「화산」을 선택하고요. 캐릭터 추가 화면에서 캐릭터는「티라노」를 넣어주세요.

「티라노」는 캐릭터 추가 화면의 '동물' 카테고리에서 아래로 쭉 내려가면 보이는 공룡 캐릭터들 사이에 있어요.

작업을 마치면 무대에「화산」배경에「티라노」캐릭터가 보이게 돼요.

「티라노」를 왼쪽 아래로 드래그해서 배경의 땅 위에 있도록 해 주세요.

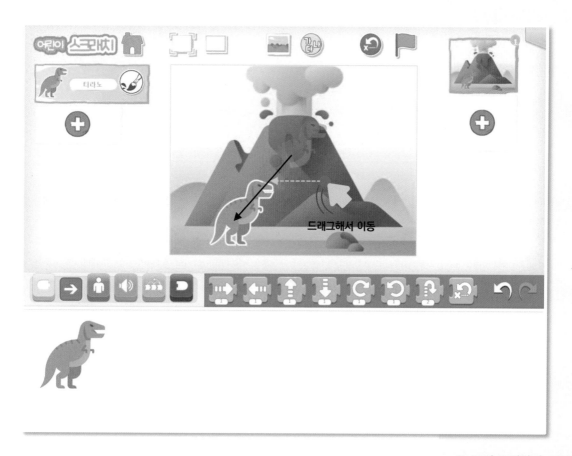

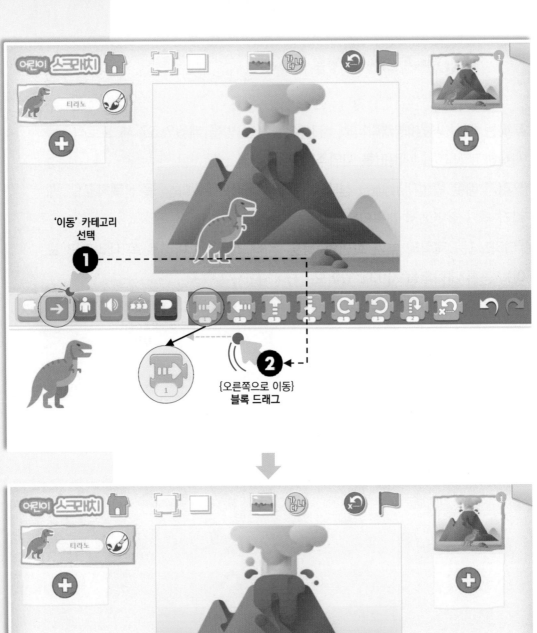

① '이동' 카테고리 선택

② {오른쪽으로 이동} 블록 드래그

여러 번 눌러 보기

② 블록을 코딩 영역에 넣어요.

이제 블록을 이용해 봐요.

블록 카테고리에서 파란색인 '이동' 카테고리를 선택하고요.

{오른쪽으로 이동 ⭲} 블록을 드래그해서 코딩 영역에 옮겨주세요.

코딩 영역으로 옮겨진 {오른쪽으로 이동 ⭲} 블록을 누르면

누를 때 마다 「티라노」가 오른쪽으로 움직이는 것을 볼 수 있어요.

이와 같이 '시작' 카테고리의 블록을 이용하지 않고도 블록을 직접 눌러 블록의 기능을 실행할 수도 있답니다.

「티라노」를 원래 위치로 돌려 놓기 위해서 무대에 있는 「티라노」를 직접 드래그해서 옮기지 마세요. 화면 위에 있는 되돌리기 ⟲ 버튼을 이용하면 블록에 의해 옮겨진 캐릭터들이 원래 위치로 돌아가요.

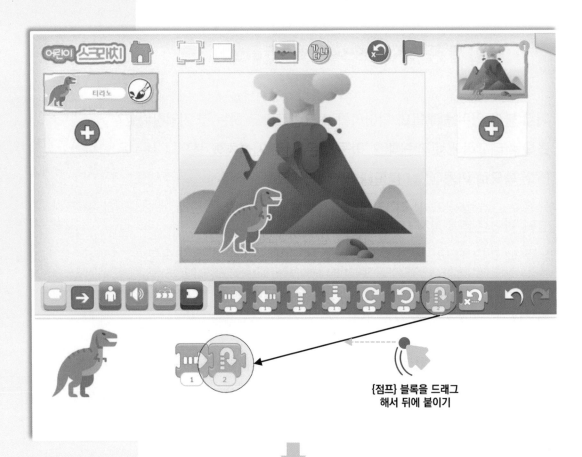

{점프} 블록을 드래그
해서 뒤에 붙이기

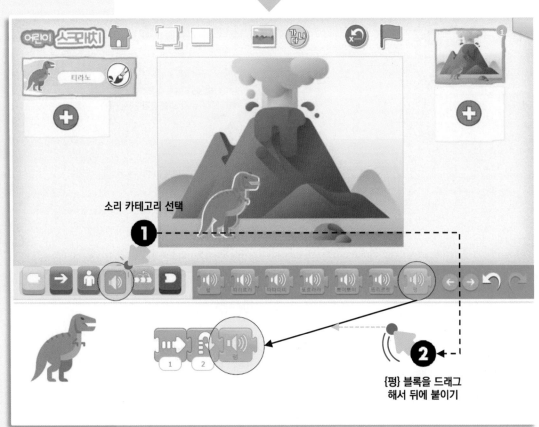

소리 카테고리 선택

1

2

{펑} 블록을 드래그
해서 뒤에 붙이기

③ 블록들을 연결하여 스크립트를 만들어요.

서로 붙어 있는 블록들의 덩어리를 스크립트라고 하는 것 기억하나요?
스크립트 만들기는 간단해요. 블록들은 서로 자석처럼 붙으니 새로운 블록을
앞의 블록에 가져다 붙이기만 하면 되거든요.
{점프 🦖} 블록과 '소리' 카테고리의 {펑 🔊} 블록을 드래그해서 앞의 블록
뒤에 붙여주세요. 멋진 스크립트를 만들었어요! 스크립트의 아무 블록이나 누
르면 앞으로 가서 점프한 뒤 '펑' 소리를 내는 「티라노」를 확인할 수 있어요.

블록으로 위치가 바뀐 캐릭터를 드래그해서 옮기지 말고 되돌리기 버튼을 이용해요!

이동 블록을 누르면 캐릭터의 위치가 바뀌죠? 작품을 만들며 테스트할 때
위치가 바뀐 캐릭터를 드래그해서 옮기지 마세요. 매번 여러 캐릭터를 원래
자리로 드래그해 옮기는 것은 힘드니까요. 되돌리기 🔄 버튼을 이용해 주세요.

여러 번 눌러 보기

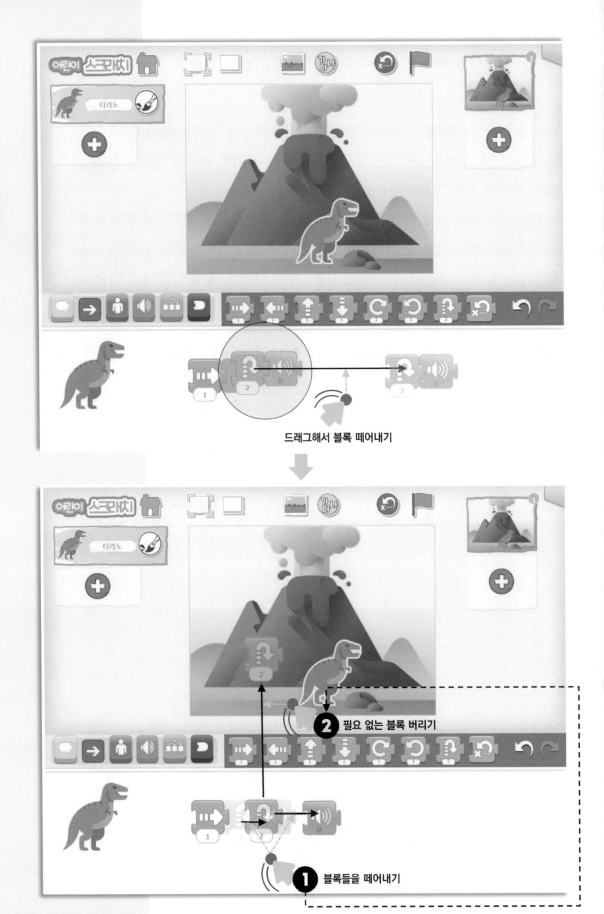

드래그해서 블록 떼어내기

2 필요 없는 블록 버리기

1 블록들을 떼어내기

④ 스크립트 수정 방법을 알아봐요.

「티라노」를 무섭게 움직이도록 잘 만들어 줬어요!
이제 스크립트를 수정하는 방법에 대해서 조금 더 알아 볼까요?

블록들을 자석처럼 붙였듯이 블록들을 떼어 낼 수도 있어요. 스크립트 안의
한 블록을 눌러 드래그하면 뒤에 붙은 블록들과 같이 떨어지게 돼요.
사이에 있는 블록을 다른 블록을 바꾸고 싶나요? 우선 앞, 뒤에 있는 블록들을
떼어내고요. 필요 없는 블록을 버리고 새로운 블록을 넣어 연결해 주면 돼요.

스크립트의 어느 곳을 눌러도 똑같이 실행돼요.

블록들이 붙어 있는 스크립트의 어느 곳을 눌러도 가장 왼쪽부터 순서대로
실행돼요. 만약 중간에 있는 블록부터 실행하고 싶다면 우선 떼어내야 해요.

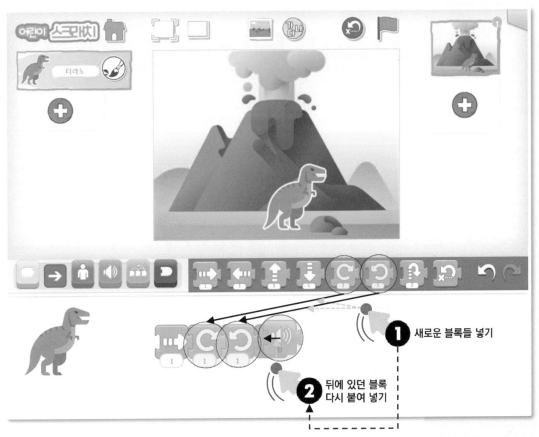

❶ 새로운 블록들 넣기

❷ 뒤에 있던 블록
다시 붙여 넣기

완성 작품

코딩 영역에서 블록을 실행해 보고 스크립트를 만들어 보았어요.

스크립트를 만드는 것은 어렵지 않았죠? 블록들을 코딩 영역에 드래그해서 자석처럼 서로 붙이면 돼요. 스크립트의 일부분을 없애거나 다른 블록으로 교체하는 것도 떼거나 다시 붙이면 되니 쉬운 일이었어요. 앞으로 다양한 스크립트를 만들 것이니 스크립트를 만드는 것에 익숙해지도록 해요.

학부모님 읽어주세요!

스크립트란 코딩에 사용되는 여러 명령들의 집합을 의미합니다. 실제 프로그래밍에서도 일련의 동작을 수행하기 위해 여러 명령어들을 하나로 묶고 필요할 때 이를 호출하여 실행하는 형태로 이용합니다. 어린이 스크래치에서는 시각적으로 표현된 블록들의 덩어리이지만 그 구조가 유사합니다.

스크립트는 코딩을 학습하는 데 있어 매우 중요한 개념이자 유용한 것이므로, 이를 능숙하게 다룰 줄 알아야 합니다. 학생들이 다양한 형태의 스크립트를 만들어 보고, 능숙하게 삭제와 수정을 할 수 있도록 독려해 주시기를 부탁드립니다.

작품 QR 코드

다양한 스크립트를 만들어 봐요.

한 캐릭터의 코딩 영역에 여러 개의 스크립트를 넣을 수 있어요.
코딩 영역의 빈 공간에 다른 스크립트를 원하는 대로 만들어 봐요.

여러 스크립트를 만들었다면 각각의 스크립트들을 눌러 실행해 보세요.
스크립트가 어떤 블록들로 이루어졌는지에 따라 다양한 모습으로 움직이
는 「티라노」를 볼 수 있을 거예요.

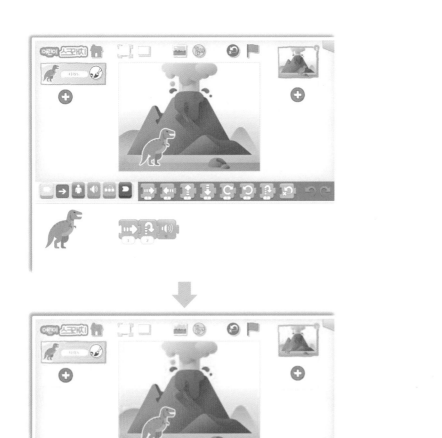

안녕

기본 봄날 기초

냥이가 좋아하는 화사한 봄날이 되었어요.

신난 냥이가 벚꽃 사이에서

즐거워하며 인사하는 모습을 만들어 봐요.

3.3 기본 기능 활용하기

- 무대에 텍스트를 넣고 크기와 색을 바꿔 봅니다.
- 전체화면 모드와 녹색 깃발에서 시작 버튼을 활용해 봅니다.

텍스트 넣기 버튼
무대에 텍스트를 넣습니다.

녹색 깃발 버튼
녹색 깃발에서 시작 블록이 있는 스크립트를
실행시킵니다.

벚꽃

아래로 스크롤

「벚꽃」
2번 누르기

텍스트 넣기
버튼 누르기

드래그해서 이동

① 배경을 넣어요.

이번 작품에서는 「냥이」를 없애지 않고 이용할거예요!

새 프로젝트를 시작하고요. 배경 선택 버튼을 눌러주세요. 배경을 선택할 수 있는 다른 방법을 알려 줄게요. 배경 선택 화면에서 원하는 배경을 누르고 화면 위의 체크 버튼을 누르는 대신 원하는 배경을 두 번 눌러도 배경을 선택할 수 있어요.

「벚꽃」 배경을 찾아 두 번 눌러주세요.

이번에는 내가 주인공이야! 완전 신나~

② 텍스트를 넣을 준비를 해요.

「냥이」를 살짝 아래로 드래그해서 길에 있는 것처럼 만들어 줘요.

그리고 텍스트 넣기 버튼을 눌러주세요.

태블릿이나 스마트폰에서 텍스트 넣기가 안된다면 이렇게 해 봐요!

모바일 기기(태블릿 또는 스마트폰)에서 텍스트 넣기 버튼을 누르면 텍스트 입력 상자가 잠깐 나타났다가 사리지는 경우가 있어요.

이 때 텍스트 넣기 버튼을 살짝 옆으로 드래그 하듯 누르면 텍스트 입력 상자가 닫히지 않아요.

살짝 드래그 하듯 버튼 누르기

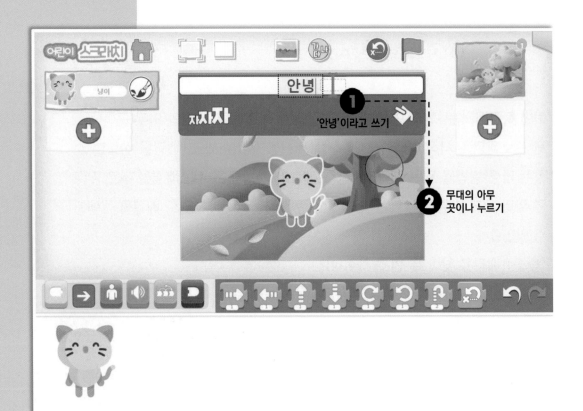

① '안녕'이라고 쓰기

② 무대의 아무 곳이나 누르기

안녕

드래그해서 이동

③ 텍스트를 쓰고 옮겨요.

텍스트 입력 상자의 하얀색 부분에 '안녕'이라고 쓰고 무대의 아무 곳이 누르면 텍스트가 무대에 나타나요.
무대에 있는 텍스트는 캐릭터처럼 드래그가 가능해요. 텍스트를 조금만 왼쪽 아래로 옮겨주세요.
'안녕'을 누르면 다시 텍스트 입력 상자가 나타나면서 수정할 수 있게 돼요.

텍스트는 캐릭터처럼 길게 눌러 없앨 수 있어요.

텍스트를 길게 누르면 텍스트 왼쪽 위에  버튼이 나타나요. 이 버튼을 누르면 텍스트를 없앨 수 있어요, 캐릭터와 똑같죠?

길게 누르기

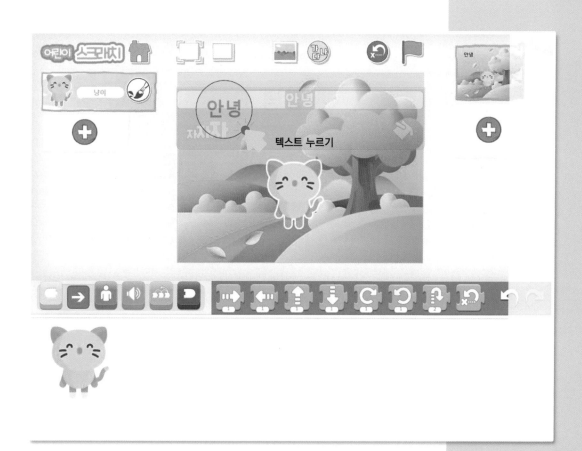

텍스트 누르기

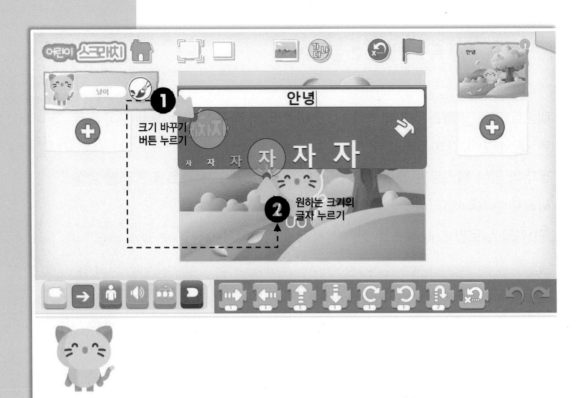

① 크기 바꾸기
버튼 누르기

② 원하는 크기의
글자 누르기

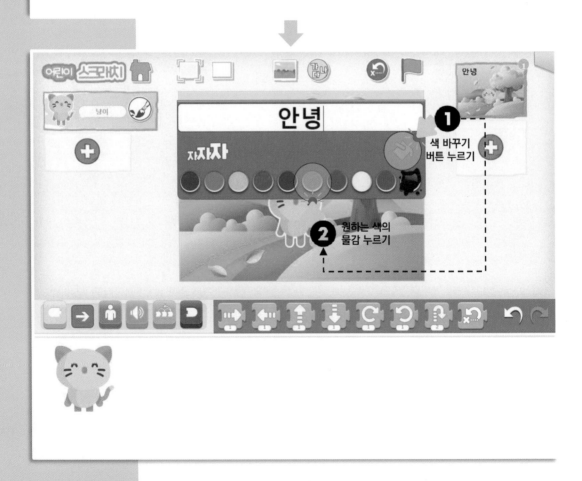

① 색 바꾸기
버튼 누르기

② 원하는 색의
물감 누르기

④ 텍스트의 크기와 색을 바꿔요.

텍스트 입력 상자의 크기 바꾸기 [자자자] 버튼과 색 바꾸기 ✍ 버튼을 이용해서 텍스트의 크기와 색을 바꿀 수 있어요.

크기 바꾸기 [자자자] 버튼을 누르면 6개의 '자'라고 써 있는 다른 크기의 글자들이 보이는데요. 여기에서 원하는 크기의 글자를 선택하면 텍스트의 글자 크기가 바뀌어요.

색 바꾸기 ✍ 버튼을 누르면 10가지 다른 색의 물감들이 보이는데요. 이 중에서 원하는 색을 선택하면 텍스트의 글자 색이 바뀌어요.

텍스트의 내용을 바꾸는 것도 텍스트 입력 상자에서 가능해요.

다양한 글자 크기와
색이 없어서
조금은 아쉽네~

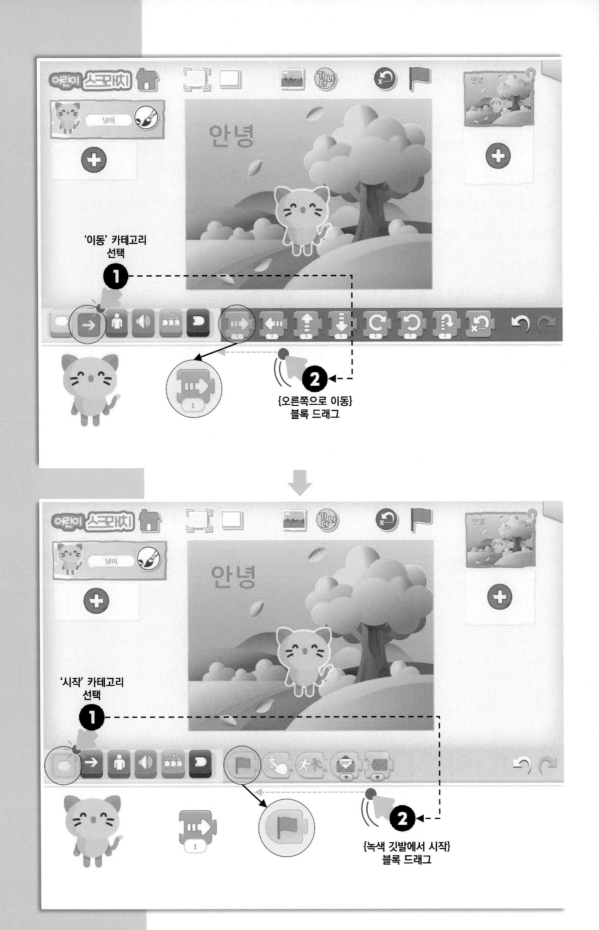

'이동' 카테고리
선택

{오른쪽으로 이동}
블록 드래그

'시작' 카테고리
선택

{녹색 깃발에서 시작}
블록 드래그

⑤ 녹색 깃발에서 시작 블록을 이용해요.

「냥이」가 움직이도록 블록들을 넣어볼까요?
우선 지난 시간처럼 '이동' 카테고리에 있는 {오른쪽으로 이동 🚍} 블록을
드래그해서 넣어주세요. 블록을 누르면 움직이고 되돌리기 🔄 버튼을 이용하
면 처음 위치로 돌아오는 것 기억하고 있죠?

이번엔 '시작' 카테고리에 있는 {녹색 깃발에서 시작 🚩} 블록을 이용해 봐
요. {녹색 깃발에서 시작 🚩} 블록을 코딩 영역에 드래그해 넣고요. '이동'
카테고리로 와서 블록 4개 🚍🚍🚍🚍 를 하나씩 뒤에 붙여주세요.

{녹색 깃발에서 시작 🚩} 블록으로 시작하는 하나의 스크립트가 완성되었어
요. 블록을 자석처럼 붙여서 연결해 놓아야 한다는 사실을 잊지 마세요!

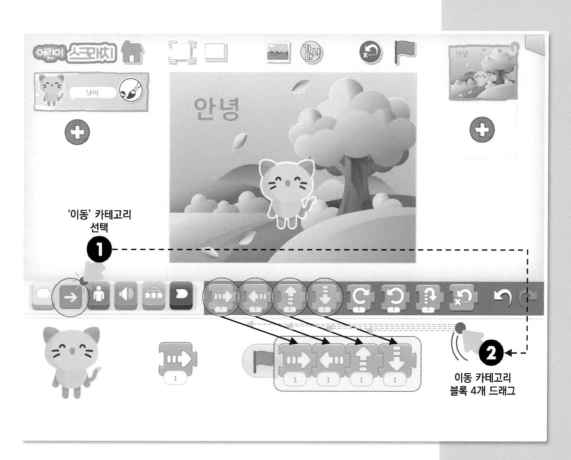

'이동' 카테고리
선택
❶

이동 카테고리
블록 4개 드래그
❷

녹색 깃발
버튼 누르기

실행중일 때
버튼 모습

실행 중인 블록

⑥ 녹색 깃발 버튼을 사용해 봐요.

이번에는 블록을 직접 누르는 대신 녹색 깃발  버튼을 이용해서 스크립트를 실행해 봐요.

화면 위에 있는 녹색 깃발 버튼을 누르면 {녹색 깃발에서 시작 }이 포함된 스크립트가 실행돼요. 버튼을 누르면 「냥이」가 움직이는 것이 보이죠?

지금은 캐릭터가 「냥이」 하나 밖에 없지만 나중에 여러 캐릭터에 {녹색 깃발에서 시작 } 블록으로 시작하는 스크립트가 있으면 여러 캐릭터들을 동시에 움직이게 할 수 있어요.

스크립트가 실행 중일 때는 녹색 깃발 버튼의 모습이 모양으로 변해요. 이 때 버튼을 누르면 스크립트는 실행을 멈추고 캐릭터들이 처음 위치로 돌아가요.

스크립트 실행 중에는 코딩 영역에서 현재 실행중인 블록을 확인할 수 있어요. 혹시 스크립트를 만들었는데 내가 원하는 대로 캐릭터가 움직이지 않을 때에는 이와 같이 현재 실행 중인 블록을 확인하고 문제가 되는 블록을 바꿔주면 돼요.

스크립트들은 모두 직접 눌러 동작을 테스트할 수 있어요.

{녹색 깃발에서 시작 } 과 같이 시작 블록이 있는 스크립트도 직접 눌러 동작을 확인할 수 있어요. 직접 누르면 녹색 깃발 버튼을 누를 때와는 달리 선택된 캐릭터의 선택된 스크립트만 동작한다는 점에서 차이가 있죠.

나중에 많은 캐릭터와 스크립트들을 이용할 때 어떤 스크립트에서 문제가 있는지 확인하기 위해서 유용하게 활용할 수 있어요.

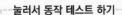

눌러서 동작 테스트 하기

완성 작품

텍스트를 넣어보고 녹색 깃발에서 시작 버튼을 이용해 보았어요.

텍스트를 넣는 것은 코딩이 아니지만 작품을 꾸미는데 유용하게 사용할 수 있어요.
{녹색 깃발에서 시작 ⚑} 블록과 이 블록이 포함된 스크립트들을 실행시켜주는 녹색 깃발 ⚑ 버튼은
앞으로도 많이 활용돼요. 전체 화면 모드에서도 녹색 깃발 ⚑ 버튼을 이용할 수 있으니 확인해 보세요.

학부모님 읽어주세요!

이번 학습 내용에서는 시작 블록 중 하나인 녹색 깃발에서 시작 블록을 스크립트 제작에 이용했습니다. 이 블록 없이 작품을 만드는 것은 가능하지만 앞으로 많은 캐릭터와 페이지가 있는 작품에서는 녹색 깃발에서 시작 블록이 페이지와 캐릭터 동작의 시작점이 되므로 자주 활용하게 됩니다.

코딩 초기의 학생들은 일반적으로 보다 직관적인 블록 누르기로 스크립트를 실행하는 것을 선호합니다. 학생들이 녹색 깃발에서 시작 블록의 필요성과 유용성을 알 수 있도록 이 블록을 자주 활용하게끔 독려해 주실 필요가 있습니다.

작품 QR 코드

더 배워 보기!

텍스트와 녹색 깃발에서 시작 블록을 이용한 캐릭터를 더 넣어 봐요!

다른 크기와 색의 텍스트를 더 넣어서 작품을 만들어 봐요.
가로세로줄 모드 ▭ 를 활용하면 보다 정확하게 줄을 맞출 수 있어요.

그리고 새 캐릭터를 만들고 {녹색 깃발에서 시작 🚩} 블록을 포함한 스크
립트를 만들어 봐요. 만약 「냥이」와 같은 내용의 스크립트라면 녹색 깃발
🚩 버튼을 눌렀을 때 동시에 똑같이 움직이는 것을 볼 수 있을 거예요.

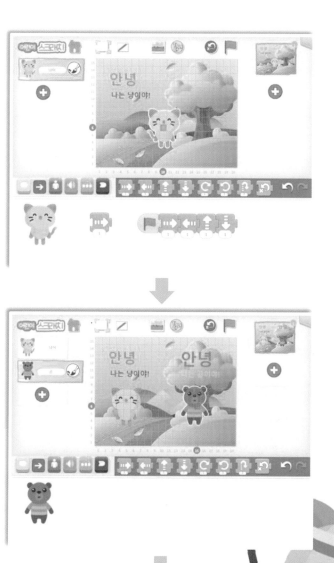

영웅들이 나타났어요!

영웅들은 자유자재로 하늘을 날며 움직일 수 있답니다.

영웅들이 멋진 묘기를 보여줄 수 있도록 만들어 봐요.

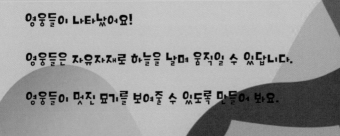

3.4 이동 블록 사용하기

- 다양한 이동 카테고리의 블록들을 이용해 봅니다.
- 블록 숫자를 변경해 봅니다.

블록 숫자
캐릭터가 이동하거나 회전하는 정도를
나타냅니다. 숫자판을 이용하여 수정합니다.

처음으로 이동 블록
캐릭터를 처음 위치로 되돌립니다.

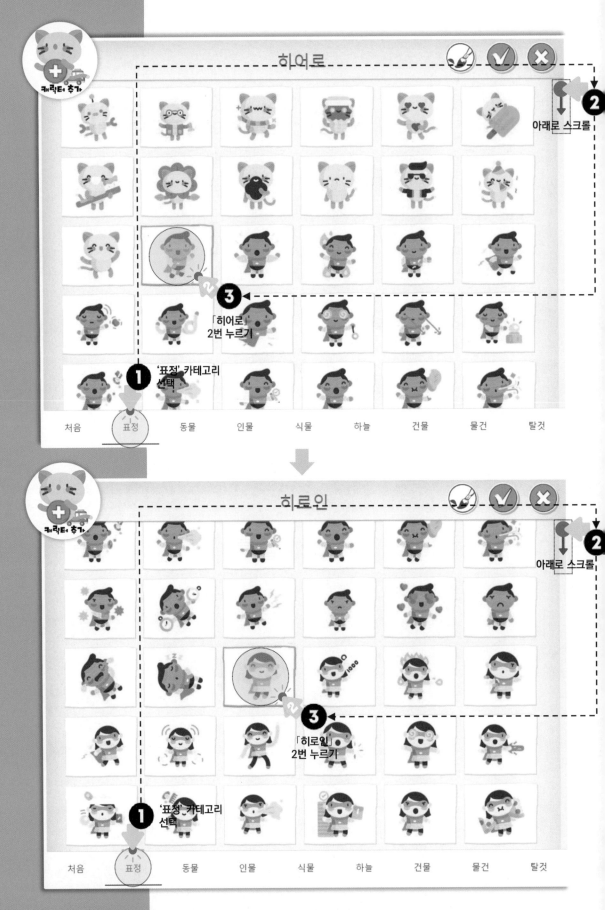

히어로

아래로 스크롤

③ 「히어로」
2번 누르기

① '표정' 카테고리
선택

처음　　표정　　동물　　인물　　식물　　하늘　　건물　　물건　　탈것

히로인

아래로 스크롤

③ 「히로인」
2번 누르기

① '표정' 카테고리
선택

처음　　표정　　동물　　인물　　식물　　하늘　　건물　　물건　　탈것

① 캐릭터와 배경을 넣어요.

이번 작품에서는 「히어로」와 「히로인」이 주인공이에요! 새 프로젝트를 만들어 「냥이」를 없애고, 「히어로」와 「히로인」을 넣어주세요. 캐릭터 추가 화면에서 「히어로」와 「히로인」은 같은 이름의 다른 표정을 가진 캐릭터들이 많이 있는데요. 어떤 것을 골라도 상관 없어요.

배경은 배경 선택 화면에서 「산」을 골라 주세요.

저희들은 지구를 지키는
영웅들입니다.
멋진 활약 기대하세요!

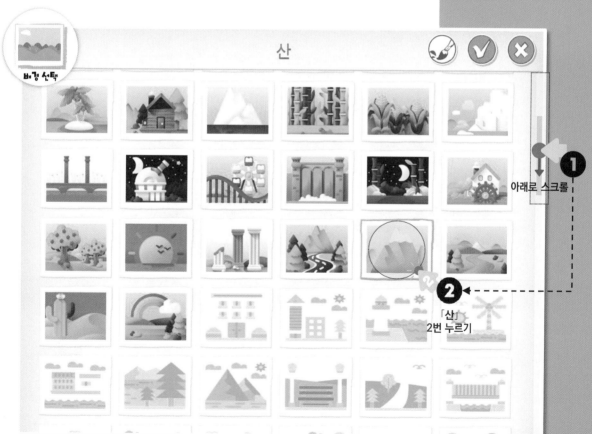

배경 선택

① 아래로 스크롤

② 「산」 2번 누르기

드래그해서 이동

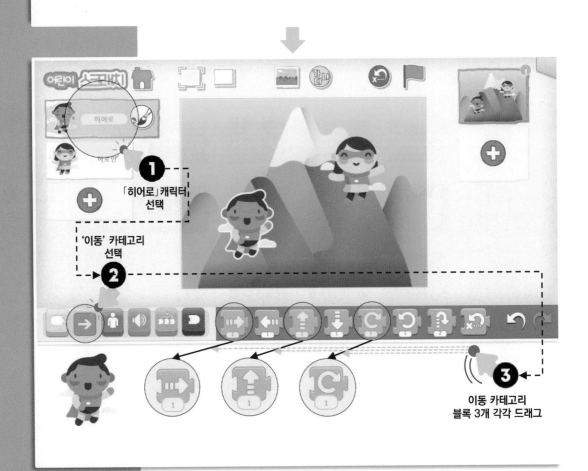

1 「히어로」 캐릭터
선택

2 '이동' 카테고리
선택

3 이동 카테고리
블록 3개 각각 드래그

② 이동 블록을 넣고 블록 숫자를 바꿔요.

무대의 정 가운데에 있는 「히어로」와 「히로인」을 적당한 위치에 드래그해서 옮겨주세요.

그리고 「히어로」의 코딩 영역에 '이동' 카테고리에 있는 {오른쪽으로 이동 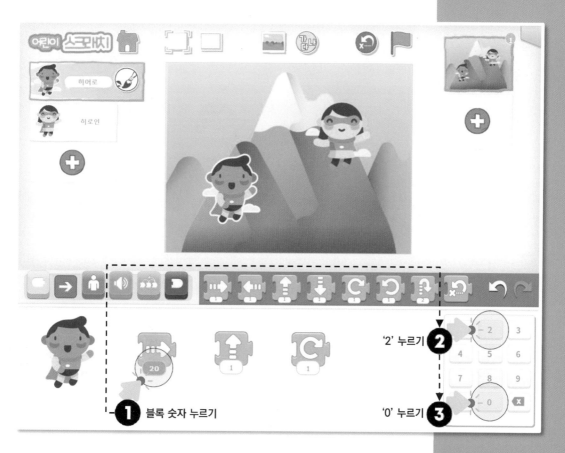}, {위로 이동 }, {오른쪽으로 회전 } 블록을 서로 떨어뜨려서 넣어주세요.

이제 이동 블록들 아래에 있는 숫자를 바꿔볼 거예요.
우선 {오른쪽으로 이동 } 블록 아래에 '1'이라고 적혀 있는 숫자를 눌러 보세요. 그렇게 하면 코딩 영역 오른쪽에 숫자판이 나타나죠? 숫자판에 있는 숫자들을 눌러 값을 바꿀 수 있어요. 이번에는 '2'와 '0'을 차례로 눌러주세요.

'2' 누르기 ❷

'0' 누르기 ❸

❶ 블록 숫자 누르기

'1' 누르기

'5' 누르기

① 블록 숫자 누르기

'1' 누르기

'2' 누르기

① 블록 숫자 누르기

다음으로 {위로 이동 🔼} 블록 아래의 블록 숫자를 눌러 '15'로 바꿔주세요.
{오른쪽으로 회전 🔄} 블록 아래의 블록 숫자를 '12'로 바꿔주세요.

이와 같은 블록 아래의 숫자는 무엇을 뜻하는 것일까요? 이 숫자는 바로 '움직이는 정도'를 나타내요.
{오른쪽으로 이동 ➡️} 블록의 블록 숫자를 '2'로 바꾸면 '1'일 때보다 2배 더 오른쪽으로 움직여요. 만약 '5'로 바꾸면 '1'일 때 보다 5배 더 오른쪽으로 움직이게 돼요.
이와 같이 블록 숫자를 이용해서 같은 블록을 여러 번 사용하지 않고도 원하는 만큼 주어진 방향으로 움직이도록 할 수 있어요. 블록 숫자를 잘 이용하면 블록의 사용 개수가 줄어들어 보다 덜 힘들고 보기에는 더 깔끔해 질 거예요.

오른쪽과 왼쪽으로 이동은 20, 위와 아래로 이동은 15를 움직이면 제자리로 돌아와요.

가로세로줄 모드 ⬜ 를 이용하면 가로세로줄과 함께 바깥쪽에 가로로 1~20, 세로로 1~15까지의 숫자가 나타나요. 그리고 블록 숫자가 '1'인 {오른쪽으로

이동 ➡️} 블록을 누르면 캐릭터가 가로로 1만큼 늘어난 곳으로 움직이게 되죠. 블록 숫자가 '1'인 {아래로 이동 🔽} 블록을 누르면 캐릭터가 세로로 1만큼 늘어난 곳으로 움직이게 돼요.
캐릭터는 가로로 오른쪽이나 왼쪽으로 20만큼 갔을 때 돌아서 제자리로, 세로로 15만큼 위나 아래로 갔을 때 돌아서 제자리로 와요.

숫자판으로 990에서 -99까지 숫자를 넣을 수 있어요.

숫자 지우기

숫자판은 블록 아래에 있는 블록 숫자를 누르면 코딩 영역 오른쪽에 나타나요. 숫자판 밖을 누르면 사라지고요.
숫자판을 계산기와 같이 사용해서 99까지 숫자를 입력할 수 있고, 잘못 입력했을 때 ⬅️ 를 눌러 지울 수 있어요. 앞에 -(마이너스)를 넣은 숫자라면 오른쪽으로 이동일 때 왼쪽으로, 점프라면 아래로 점프하게 만들 수 있어요.

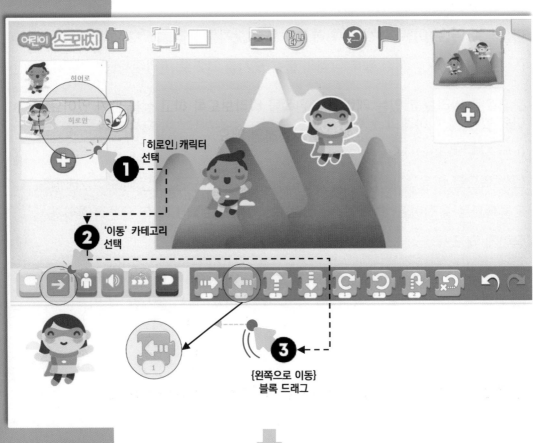

1 「히로인」캐릭터 선택

2 '이동' 카테고리 선택

3 {왼쪽으로 이동} 블록 드래그

{왼쪽으로 이동} 블록을 누르면 캐릭터가 좌우가 바뀜

③ 캐릭터의 왼쪽과 오른쪽을 바꿔요.

오른쪽을 바라보고 있는 캐릭터를 왼쪽을 바라보도록 하고 싶을 때가 있어요. 이 때 {왼쪽으로 이동 } 블록을 사용하면 돼요.

우선 「히로인」 캐릭터를 선택하고 이동 블록 카테고리에서 {왼쪽으로 이동 } 블록을 코딩 영역에 드래그해서 넣어주세요.
그리고 {왼쪽으로 이동 } 블록을 한번 눌러주세요. 어떻게 되나요? 왼쪽으로 조금 이동하면서 캐릭터의 왼쪽과 오른쪽이 바뀌었어요! 되돌리기 버튼을 이용하면 처음 위치로 돌아오지만 캐릭터의 좌우는 바뀐 채로 있어요.

여기에 나와 있지는 않지만 {오른쪽으로 이동 } 블록을 이용하면 다시 캐릭터의 왼쪽과 오른쪽을 원래대로 되돌릴 수 있어요.

나의 왼쪽과 오른쪽을
바꿔봐!

블록 숫자가 있는 블록들은 다음과 같은 것들이 있어요.

블록 숫자가 포함되어 있는 블록들은 다음과 같아요.
이동 카테고리 블록: 숫자만큼 캐릭터가 이동해요.
모양 카테고리 블록: 숫자만큼 캐릭터가 커지거나 작아져요.
제어 카테고리 블록: {기다리기 } 블록은 숫자만큼 블록 실행을 멈추고,
{반복하기 } 블록은 숫자만큼 안에 있는 블록들을 반복해서 실행해요.

이동 카테고리 블록   모양 카테고리 블록   제어 카테고리 블록

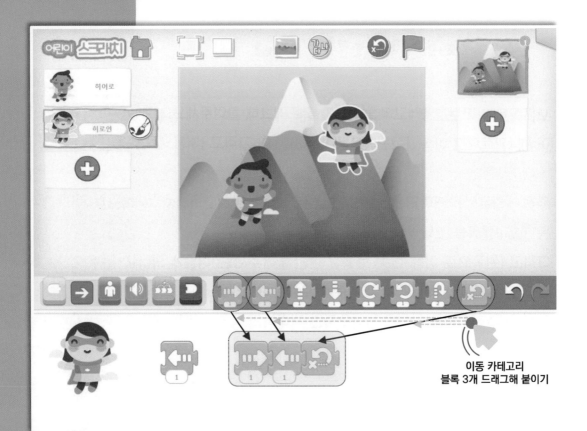

이동 카테고리
블록 3개 드래그해 붙이기

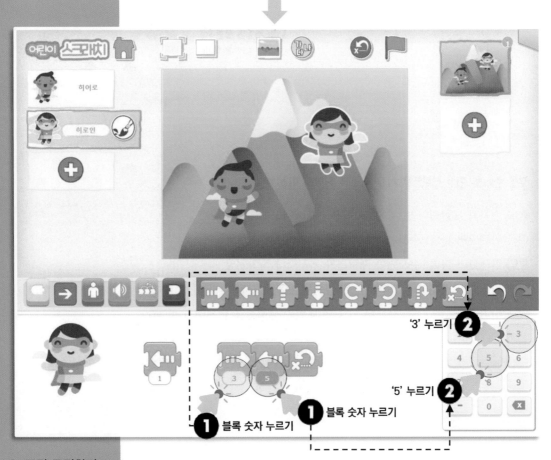

'3' 누르기

'5' 누르기

블록 숫자 누르기

블록 숫자 누르기

④ 블록을 이용해 처음 위치로 돌려 놔요.

「히로인」에 '이동' 카테고리 블록 3개를 드래그해 붙여주세요.
{오른쪽으로 이동 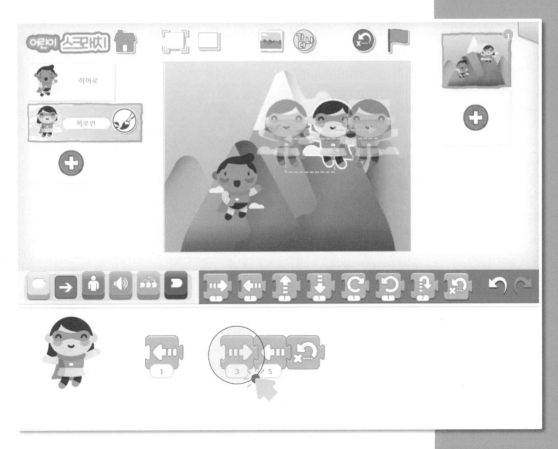 }, {왼쪽으로 이동 }, 그리고 {처음으로 이동 }
블록이에요.

{오른쪽으로 이동 }의 블록 숫자를 눌러 '3', {왼쪽으로 이동 }의 블록
숫자를 눌러 '5'로 바꿔주세요.

이제 우리가 만든 3개 블록이 있는 스크립트를 눌러볼까요?
오른쪽으로 갔다가 왼쪽으로 돌아오면서 조금 더 왼쪽으로 간 다음 순간 이동
을 하는 것처럼 제자리로 돌아오는 것을 확인했나요? {처음으로 이동 } 블
록을 이용하면 이처럼 캐릭터를 처음 위치로 되돌릴 수 있어요.

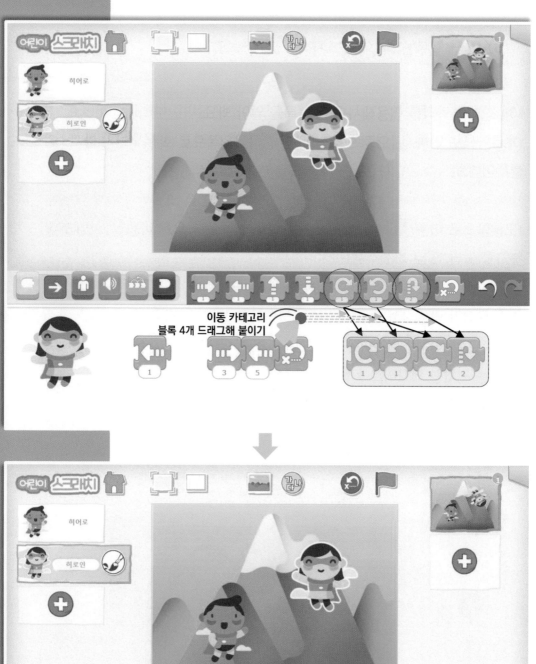

이동 카테고리
블록 4개 드래그해 붙이기

블록 숫자를 각각
7,4,2,2로 바꾸기

⑤ 회전 블록을 이용해 캐릭터를 회전해요.

「히로인」 캐릭터를 이용해서 회전 블록을 알아 봐요.

'이동' 카테고리에서 {오른쪽으로 회전 }, {왼쪽으로 회전 }, 다시 {오른쪽으로 회전 }, {점프 🅱} 블록을 드래그해 주세요.

그리고 왼쪽 블록부터 블록 숫자를 각각 '7, 4, 2, 2'로 바꿔주세요. 스크립트를 누르면 「히로인」이 오른쪽, 왼쪽, 오른쪽으로 돌다가 기울어져서 점프하는 것을 볼 수 있어요. 여러 번 누르면 조금씩 오른쪽으로 더 돌면서 점프해요.

회전 블록들은 블록 숫자가 120이면 한바퀴, 60이면 반바퀴를 돌아요.

오른쪽으로 회전 블록: 블록 숫자 1만큼 오른쪽으로 30도 돌아요.
왼쪽으로 회전 블록: 블록 숫자가 1만큼 왼쪽으로 30도 돌아요.

 오른쪽으로 한바퀴(360도) 돎   왼쪽으로 한바퀴(360도) 돎

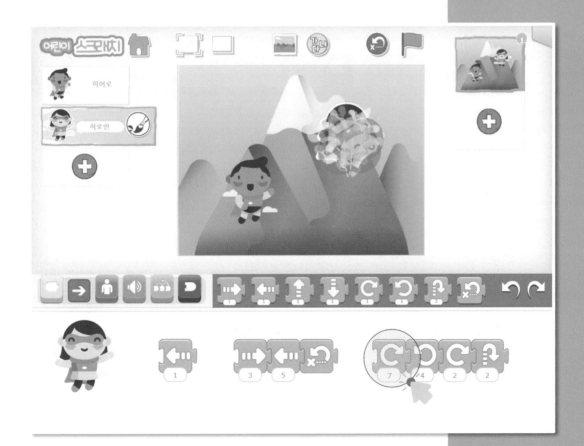

여러 이동 카테고리 블록들을 이용하고 블록 숫자를 바꿔 보았어요.

무대의 가로는 20, 세로는 15만큼의 크기예요. 가로세로줄 모드 ▨ 를 이용하면 확실히 알 수 있죠.

▨▨▨▨ 의 블록 숫자를 바꿔서 캐릭터가 얼마만큼 움직이는지 확인해 봐요.

🔁🔄 블록을 이용해서 캐릭터를 회전시키고, 🔁 블록으로 처음 위치로 옮기는 것도 익숙해지고요.

이번 학습 내용에서는 다양한 이동 블록을 이용하고 블록 숫자를 바꿔 봤습니다. 아직 10 이상의 큰 숫자 활용에 익숙하지 않고 각도를 학습한 적이 없는 학생들에게 블록 숫자는 다소 어려움이 있을 수 있는 내용입니다.

따라서 정확한 수치를 계산하여 상하좌우로 이동하거나 각도의 개념을 이용하여 회전하는 것을 알려주기 보다는 학생들이 직접 블록 숫자를 바꿔보고 눈으로 확인할 수 있도록 해주는 것이 보다 효과적인 학습 방법입니다. 그리고 너무 큰 숫자만을 이용해서 장난처럼 되지 않도록 지도 부탁드립니다.

작품 QR 코드

녹색 깃발을 이용해서 여러 이동 블록을 동시에 사용해 봐요!

녹색 깃발 버튼으로 {녹색 깃발에서 시작 🚩} 블록이 있는 스크립트들을
동시에 실행시킬 수 있어요. 한 캐릭터 안의 스크립트들도 마찬가지예요.

「히어로」에 있는 이동 블록들 앞에 {녹색 깃발에서 시작 🚩} 블록을 붙
여주세요. 그리고 녹색 깃발 🚩 버튼을 누르면 「히어로」가 오른쪽 위로
날아가면서 회전하는 모습을 볼 수 있어요. 「히로인」으로도 해보세요!

부릉 부릉! 다리 위에서 차들이 달리고 있어요.

어?? 그런데 차끼리 부딪칠 것 같아요!

앞차가 뒷차에 부딪히면 떨어지는 상황을 코딩으로 표현해 봐요.

시작 블록 사용하기 1

- 닿으면 시작 블록을 사용해 봅니다.
- 여러 시작 블록을 함께 사용해 봅니다.

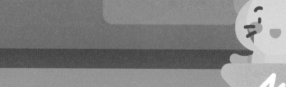

닿으면 시작 블록

캐릭터가 다른 캐릭터에 닿으면 스크립트가
시작되도록 하는 시작 블록입니다.

크기 바꾸기 블록

캐릭터의 크기를 크게 하거나 작게 합니다.

① 캐릭터와 배경을 넣어요.

이번 작품에서는 자동차 2개를 사용할 거예요. 이름이 같은 「자동차」라는 캐릭터인데요. 이름이 같으니 노란 「자동차」와 초록 「자동차」로 부르도록 해요.

「냥이」를 지우고요. 캐릭터 추가 화면의 '탈것' 카테고리에서 노란색인 「자동차」와 초록색인 「자동차」를 선택해 주세요. 배경은 배경 선택 화면에서 「다리」를 골라 주세요.

우리는 부릉부릉
자동차들이야!
둘 다 멋있지?

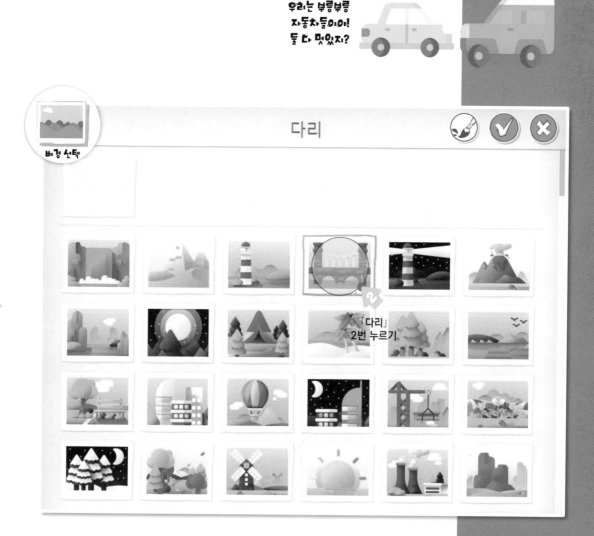

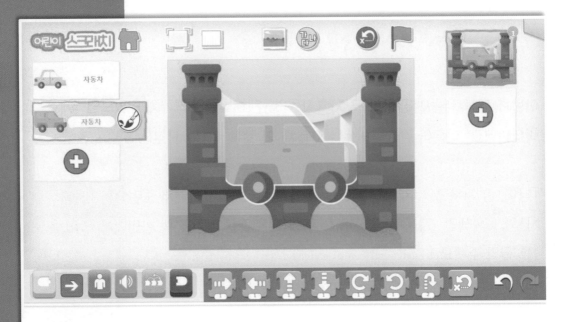

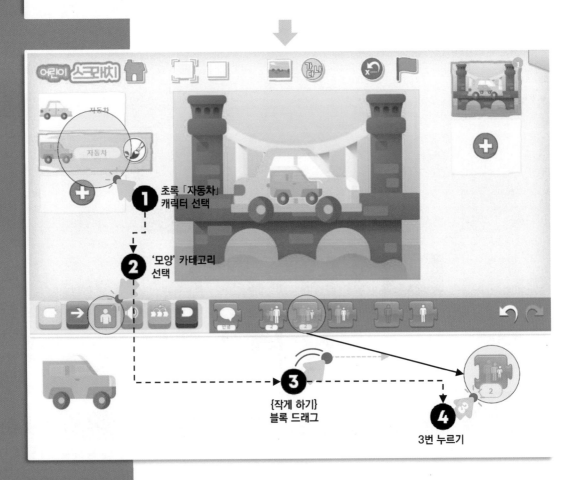

① 초록「자동차」 캐릭터 선택

② '모양' 카테고리 선택

③ {작게 하기} 블록 드래그

④ 3번 누르기

② 캐릭터 크기를 줄여서 옮겨요.

「자동차」캐릭터들이 굉장히 크죠?「자동차」캐릭터들의 크기가 작았으면 좋겠어요.

캐릭터들의 크기를 크게 하거나 줄이기 위해서는 '모양' 카테고리의 {크게 하기 } 블록이나 {작게 하기} 블록을 이용하면 돼요.
여기에서는 작게 만들고 싶으니 초록「자동차」캐릭터를 선택하고 '모양' 카테고리에서 {작게 하기} 블록을 드래그해 코딩 영역에 가져와요. 그리고 블록 숫자를 변경하지 않고 3번 눌러주세요.
어때요? 초록「자동차」의 크기가 작아졌죠?

작아진 초록「자동차」를 다리 위 왼쪽 끝 즈음에 옮겨주세요.

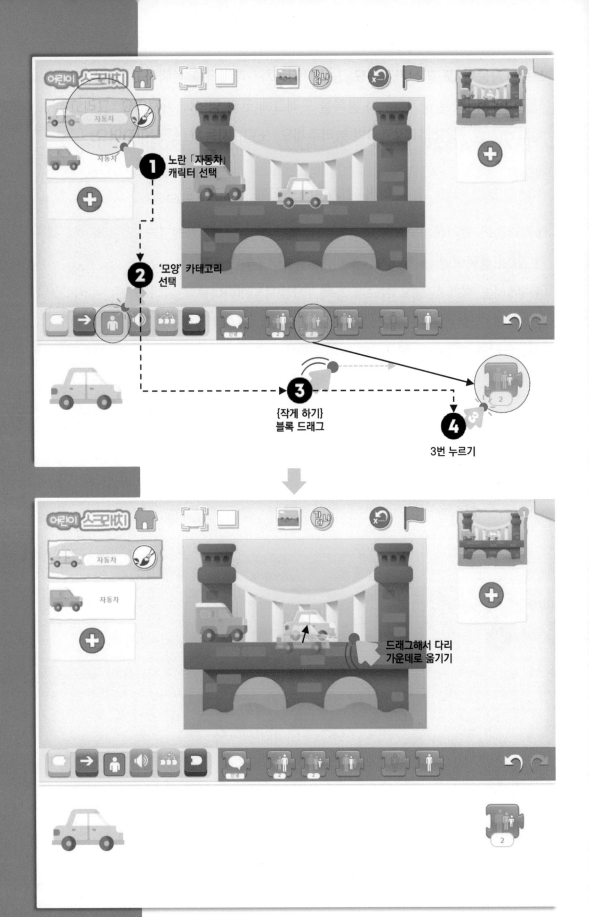

① 노란 「자동차」
캐릭터 선택

② '모양' 카테고리
선택

③ {작게 하기}
블록 드래그

④ 3번 누르기

드래그해서 다리
가운데로 옮기기

노란「자동차」도 마찬가지예요. 노란「자동차」캐릭터를 선택하고 '모양' 카테고리에서 {작게 하기 🧍} 블록을 드래그해 코딩 영역에 가져와요. 그리고 블록 숫자를 변경하지 않고 3번 눌러주세요. 노란「자동차」도 작아졌어요.

작아진 노란「자동차」를 다리 위 가운데 즈음에 옮겨주세요.

캐릭터의 크기는 {크게 하기}, {작게 하기}, {처음 크기} 블록으로 바꿀 수 있어요.

캐릭터의 크기는 {크게 하기 🧍}, {작게 하기 🧍} 그리고 {처음 크기 🧍} 블록을 이용해서 크기를 바꿀 수 있어요.

{크게 하기 🧍} 블록을 누르면 캐릭터의 크기가 커지는데요. 여러 번 누르면 제일 큰 크기까지 계속 크게 할 수 있어요. 블록 숫자를 크게 바꿔 한번에 크게 할 수도 있죠. 반대로 {작게 하기 🧍} 블록을 이용하면 캐릭터의 크기를 작게 할 수 있어요. 제일 작은 크기가 되면 더 이상 작아지지 않고, 블록 숫자를 크게 해서 한번에 작아지게 할 수도 있죠.

{처음 크기 🧍} 블록을 이용하면 커지거나 작아진 캐릭터를 한번에 원래 크기로 되돌릴 수 있어요.

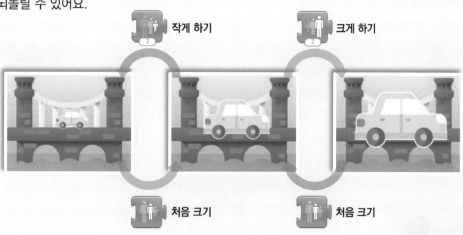

캐릭터의 크기 바꾸기는 되돌리기 버튼으로 되돌릴 수가 없어요.

{크게 하기 🧍}와 {작게 하기 🧍} 블록을 눌러서 바뀌게 된 캐릭터의 크기는 되돌리기 🔄 버튼을 눌러도 원래 크기로 돌아가지 않아요! 따라서 바뀐 캐릭터 크기는 다시 크기를 바꾸는 블록들을 이용해 원하는 크기로 바꿔야 해요.

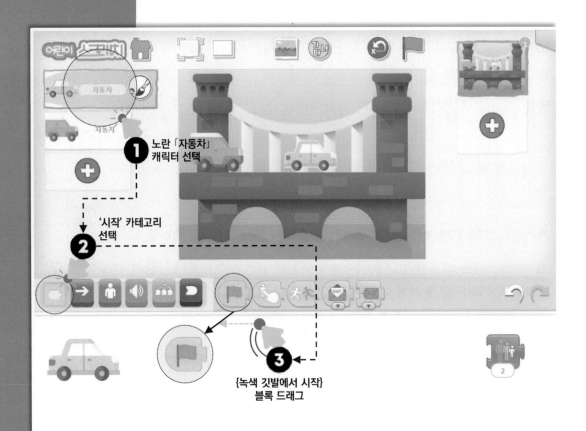

① 노란「자동차」
캐릭터 선택

② '시작' 카테고리
선택

③ {녹색 깃발에서 시작}
블록 드래그

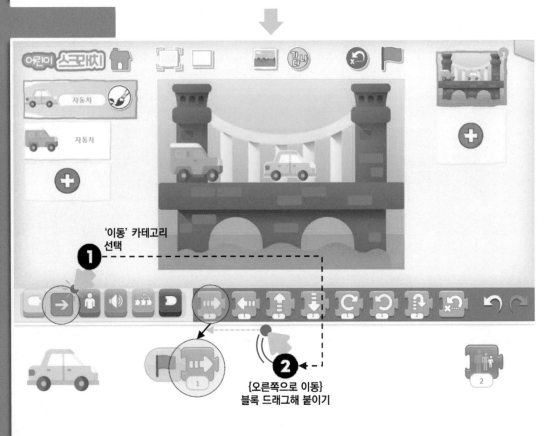

① '이동' 카테고리
선택

② {오른쪽으로 이동}
블록 드래그해 붙이기

③ 녹색 깃발 버튼으로 캐릭터들을 움직여요.

이번엔 녹색 깃발 📐 버튼을 누르면 두 「자동차」가 동시에 움직이도록 만들어볼 거예요.

노란 「자동차」를 캐릭터 영역에서 선택하고 '시작' 카테고리에서 {녹색 깃발에서 시작 📐} 블록을 드래그해요.

그리고 '이동' 카테고리에서 {오른쪽으로 이동 🚚} 블록을 드래그해 붙여주세요.

{오른쪽으로 이동 🚚} 블록의 블록 숫자를 눌러 '5'로 바꿔주세요. 녹색 깃발 📐 버튼을 누르면 오른쪽으로 '5' 만큼 이동하는 스크립트가 완성 됐어요.

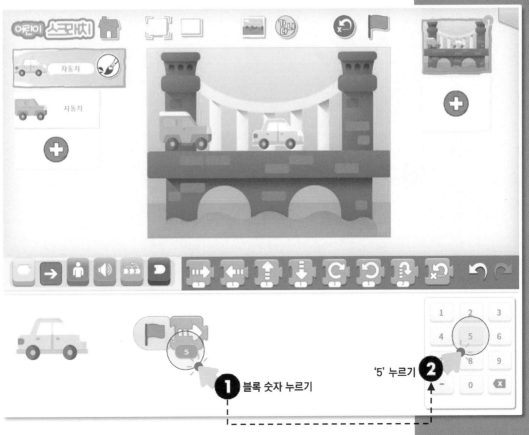

① 블록 숫자 누르기

'5' 누르기 ②

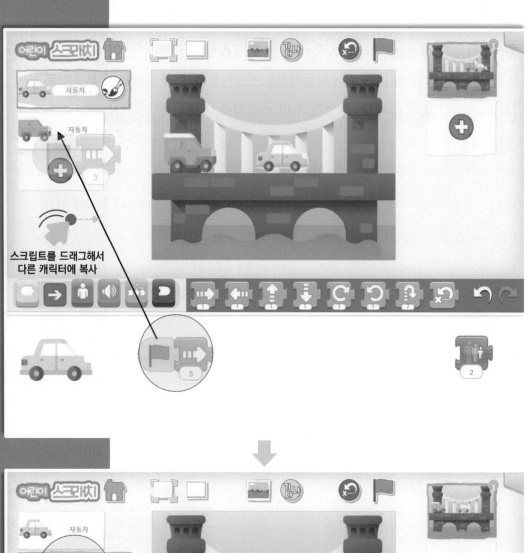

스크립트를 드래그해서
다른 캐릭터에 복사

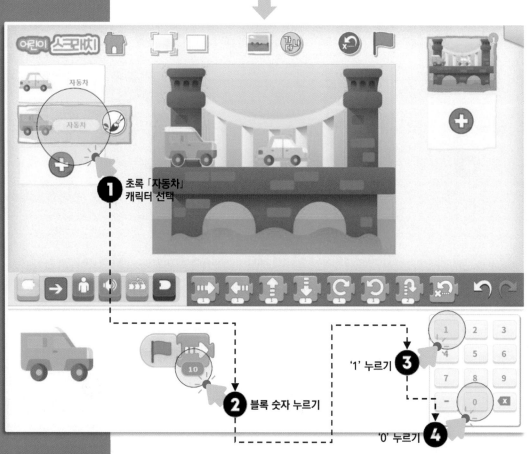

1 초록 「자동차」
캐릭터 선택

2 블록 숫자 누르기

3 '1' 누르기

4 '0' 누르기

초록「자동차」도 노란「자동차」와 비슷한 스크립트가 필요해요. 이 때 스크립트를 새로 만들지 말고 노란「자동차」의 스크립트를 드래그해서 초록「자동차」에 가져다 놓아 주세요. 그렇게 하면 스크립트가 복사 된답니다!

초록「자동차」를 선택하고, 스크립트에서 {오른쪽으로 이동 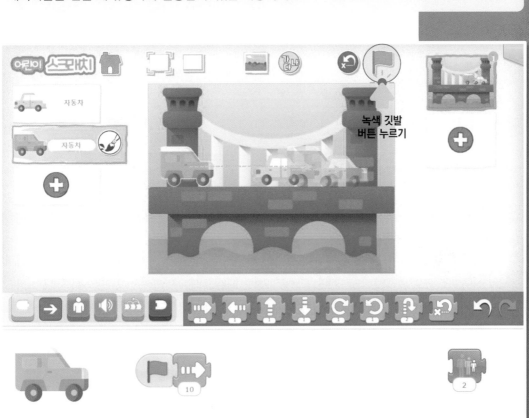}의 블록 숫자만 '10' 으로 바꿔주세요.

그리고 녹색 깃발 버튼을 누르면 두「자동차」가 오른쪽으로 가다가 노란「자동차」가 멈추면 초록「자동차」가 뒤에서 부딪치는 것을 볼 수 있어요.

한 캐릭터의 스크립트를 다른 캐릭터에 복사할 수 있어요.

한 캐릭터에서 복사하기 원하는 스크립트를 선택하고 드래그해서 다른 스크립트에 놓으면 스크립트가 복사 돼요. 비슷한 형태의 스크립트를 갖는 캐릭터들을 만들 때 유용하게 활용할 수 있는 기능이에요.

녹색 깃발
버튼 누르기

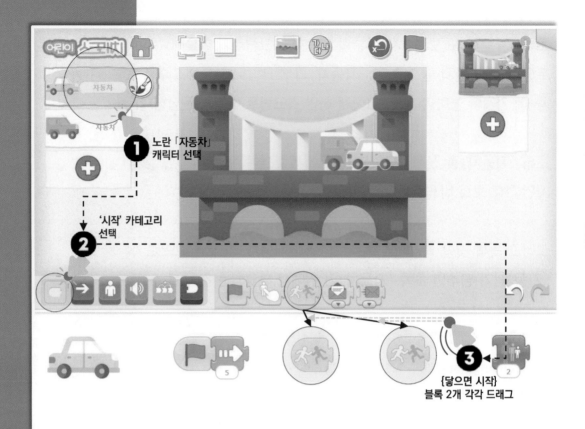

1 노란「자동차」 캐릭터 선택

'시작' 카테고리 선택 **2**

3 {닿으면 시작} 블록 2개 각각 드래그

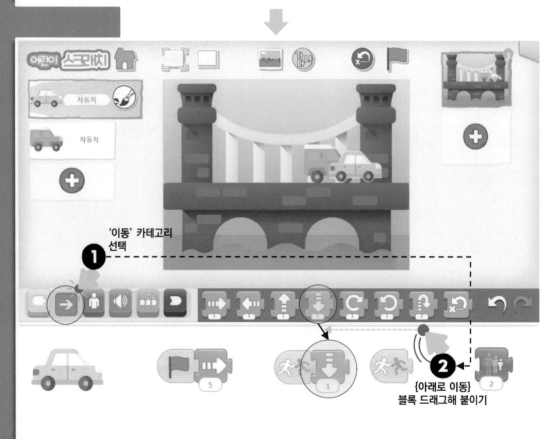

1 '이동' 카테고리 선택

2 {아래로 이동} 블록 드래그해 붙이기

④ 닿으면 시작 블록을 이용해요.

이번에는 초록 「자동차」가 노란 「자동차」에 부딪치면 돌면서 아래로 떨어지는 모습을 만들기 위해 {닿으면 시작 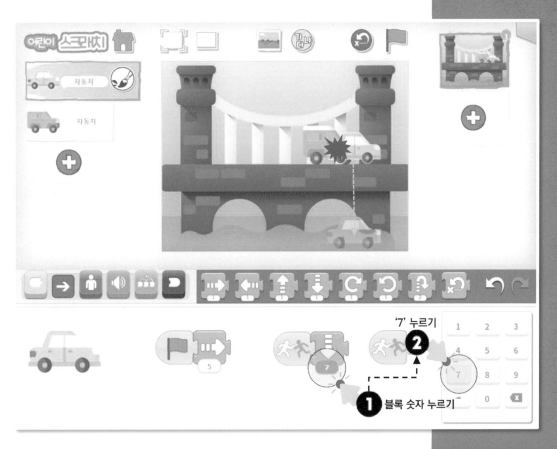} 블록을 이용할거예요. '시작' 카테고리에서 {닿으면 시작 } 블록 2개를 코딩 영역에 각각 드래그해 주세요.

그리고 '이동' 카테고리에서 첫번째 {닿으면 시작 } 블록 뒤에 {아래로 이동 } 블록을 드래그 해 붙여주세요.

그 다음 {아래로 이동 } 블록의 블록 숫자를 눌러 '7'로 바꿔주세요. 녹색 깃발 버튼을 눌러볼까요? 두 「자동차」가 오른쪽으로 가다가 초록 「자동차」가 뒤에서 부딪치면 노란 「자동차」가 아래로 내려가는 것을 볼 수 있어요.

'7' 누르기

① 블록 숫자 누르기

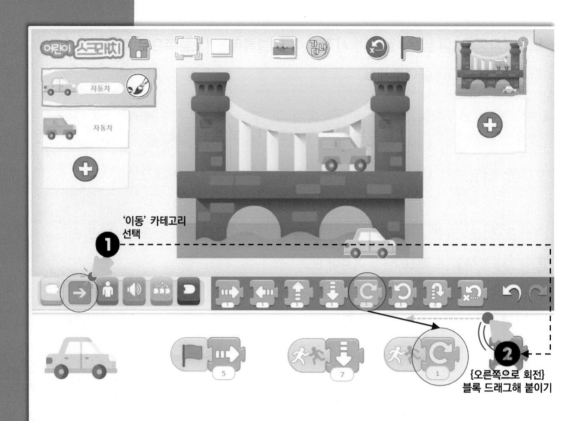

① '이동' 카테고리
선택

② {오른쪽으로 회전}
블록 드래그해 붙이기

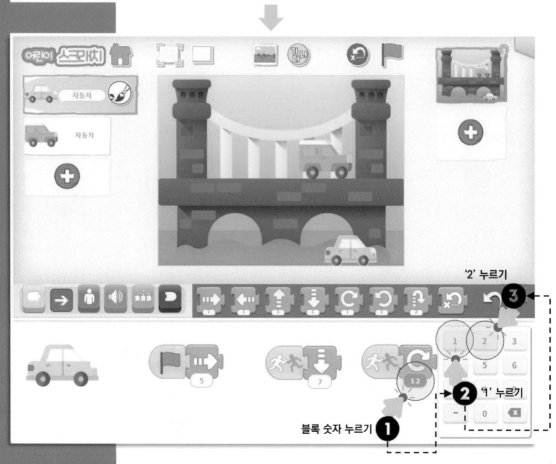

'2' 누르기

③

② '1' 누르기

① 블록 숫자 누르기

노란「자동차」의 남은 {닿으면 시작 } 블록에는 {오른쪽으로 회전 } 블록을 드래그 해 붙여주세요.

{오른쪽으로 회전 } 블록의 블록 숫자는 '12'로 바꿔주세요.

이제 녹색 깃발  버튼을 누르면 부딪힌 노란「자동차」가 그냥 아래로 내려 가는 것이 아니라 돌면서 내려가는 것을 확인할 수 있을 거예요.

한 캐릭터에서 동시에 여러 스크립트가 실행될 수 있어요.

{닿으면 시작 }이나 {녹색 깃발에서 시작 } 블록과 같은 시작 블록들이 포함된 스크립트들은 여러 개가 함께 실행될 수 있어요. 이 특징을 이용하면 캐릭터를 돌면서 아래로 내려가거나, 오른쪽 아래로 움직이게 할 수 있죠.

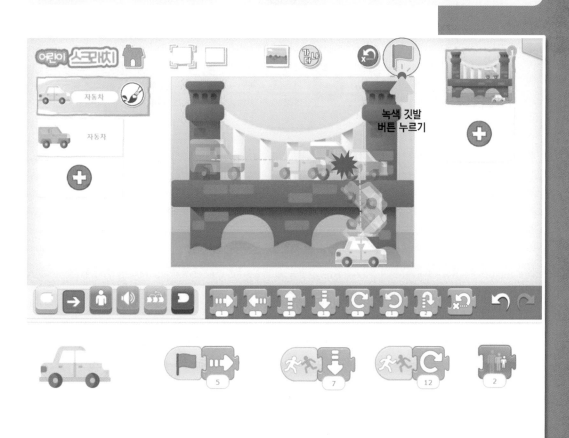

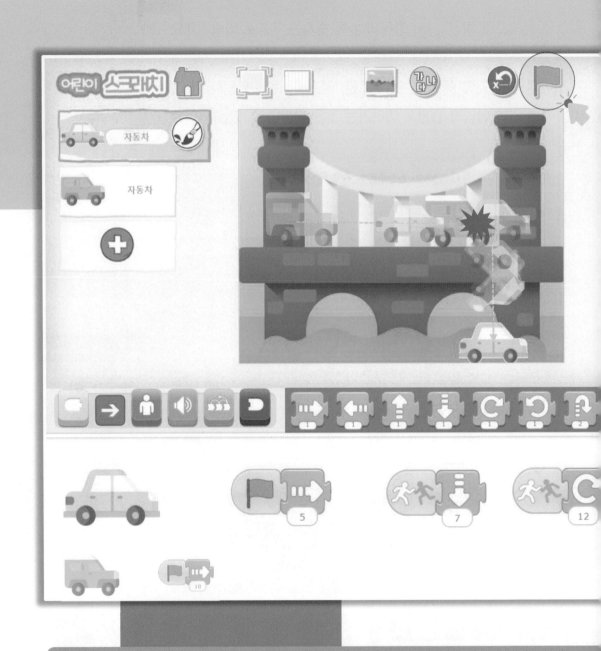

닿으면 시작 블록을 사용해 보고 여러 스크립트이 동시에 실행되도록 해 보았어요.

{닿으면 시작 } 블록이 있는 스크립트는 캐릭터가 다른 캐릭터에 닿았을 때 실행돼요. 그러니 이 블록을 활용하려면 캐릭터가 다른 캐릭터에 닿게 되는 상황을 만들어야 겠죠?
그리고 여러 개의 스크립트들을 동시에 실행되도록 할 수 있다는 것도 기억해 주세요.

학부모님 읽어주세요!

앞으로 보다 복잡한 코딩 학습의 단계로 나아가기 위해서는 여러 종류의 시작 블록들을 적절하게 활용하여 한 스크립트와 다음 스크립트가 이어지도록 만들 수 있어야 합니다. 일반적으로 어린 학생들은 직관적으로 활용할 수 있는 {녹색 깃발에서 시작}과 다음에 학습할 {탭하면 시작} 블록을 주로 사용하는 경향이 있습니다. 학생들이 {닿으면 시작}과 같이 다음 상황을 예측해야 활용할 수 있는 시작 블록도 활용하여 보다 다양하게 코딩할 수 있도록 독려를 부탁드립니다. 아울러 여러 스크립트들이 동시에 실행되어 효과가 중첩되어 나타나는 상황도 만들 수 있도록 시작 블록 여러 개를 활용하는 코딩을 권장해 주시기 바랍니다.

작품 QR 코드

더 배워 보기!

여러 시작 블록들을 동시에 사용해 봐요!

시작 블록들을 동시에 여러 개 사용하면 더 멋진 효과를 만들 수 있어요.
{녹색 깃발에서 시작 ⚑} 블록을 이용한 스크립트를 더 만들어 봐요.

그리고 {닿으면 시작 🏃} 블록을 이용한 스크립트도 더 넣어 봐요. 초록
「자동차」에 위와 같이 스크립트를 더 넣으면 출발할 때 '슝' 소리가 나고
부딪칠 때 '펑' 소리와 함께 점프하는 멋진 효과가 나타날 거예요.

맛있는 사과가 있네요! 사과를 눌러 떨어뜨리니

돼지가 와서 먹네요.

그런데 그런 돼지를 본 사자가 돼지를 잡아 먹어요!

조금은 무섭지만 우스운 상황을 시작 블록들을 사용해 코딩해 봐요.

3.6 시작 블록 사용하기 2

- 탭하면 시작 블록을 사용해 봅니다.
- 메시지가 오면 시작 블록을 사용해 봅니다.

탭하면 시작 블록

누르면 스크립트가 시작되도록 하는 시작 블록입니다.

메시지가 오면 시작 블록

선택한 색의 메시지가 오면 스크립트가 시작되도록 하는 시작 블록입니다.

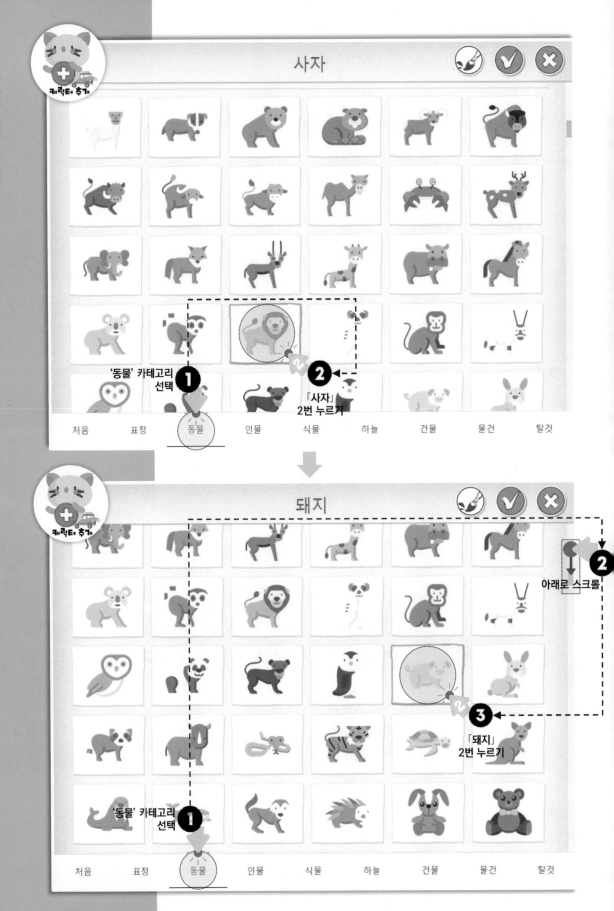

① 캐릭터와 배경을 넣어요.

이번 작품에서는 '동물' 카테고리에서 「사자」와 「돼지」 캐릭터를, '식물' 카테 고리에서 「사과」 캐릭터 사용할 거예요.

처음 무대에 있는 「냥이」를 지우고요. 캐릭터 추가 화면의 '동물' 카테고리에 서 「사자」와 「돼지」 캐릭터를 찾아 2번씩 눌러 추가해 주세요.

그리고 '식물' 카테고리에서 「사과」 캐릭터를 찾아 2번 눌러 추가해 주세요.

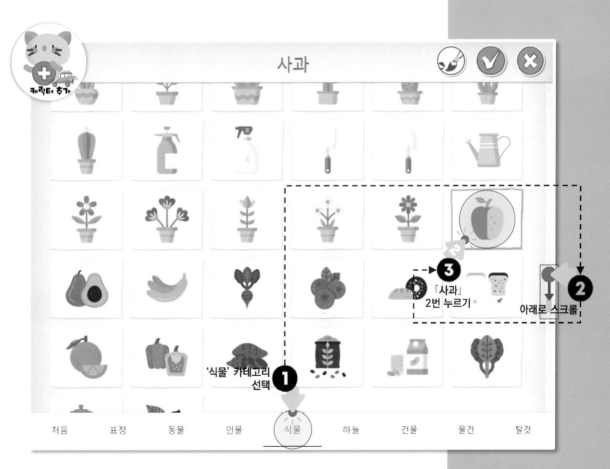

사과나무

배경 선택

「사과나무」
2번 누르기

어린이 스크래치

사자

돼지

사과

드래그해서 이동

배경은 배경 선택 화면에서 「사과나무」를 골라 주세요.

캐릭터와 배경 선택이 끝나면 「사자」와 「돼지」, 「사과」 캐릭터를 드래그해서 옮겨야 해요.

「사자」 캐릭터는 왼쪽 아래 풀밭으로 옮겨주세요.

「돼지」 캐릭터는 처음 위치에서 아래로 옮겨 길과 풀밭을 밟도록 해 주세요.

「사과」는 가장 오른쪽에 있는 나무의 오른쪽 끝 사과를 가리도록 놓아주세요.

이번 작품은 되도록 정확한 위치에 캐릭터들이 있어야 해요.

② 탭하면 시작 블록을 넣어요.

이번에는 「사과」 캐릭터를 누르면 작품이 시작되도록 할거예요. {탭하면 시작 🖑 } 블록을 「사과」 캐릭터의 코딩 영역에 옮겨주세요.

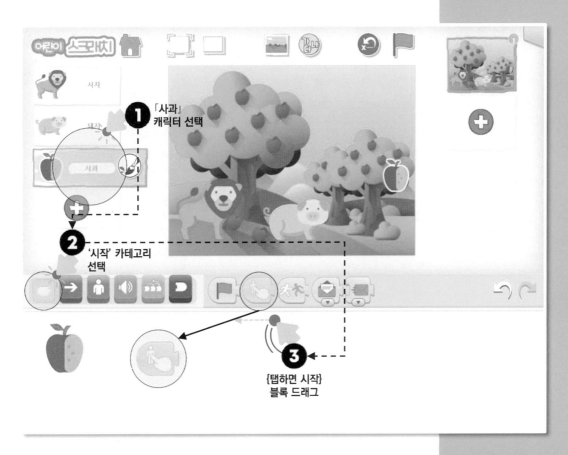

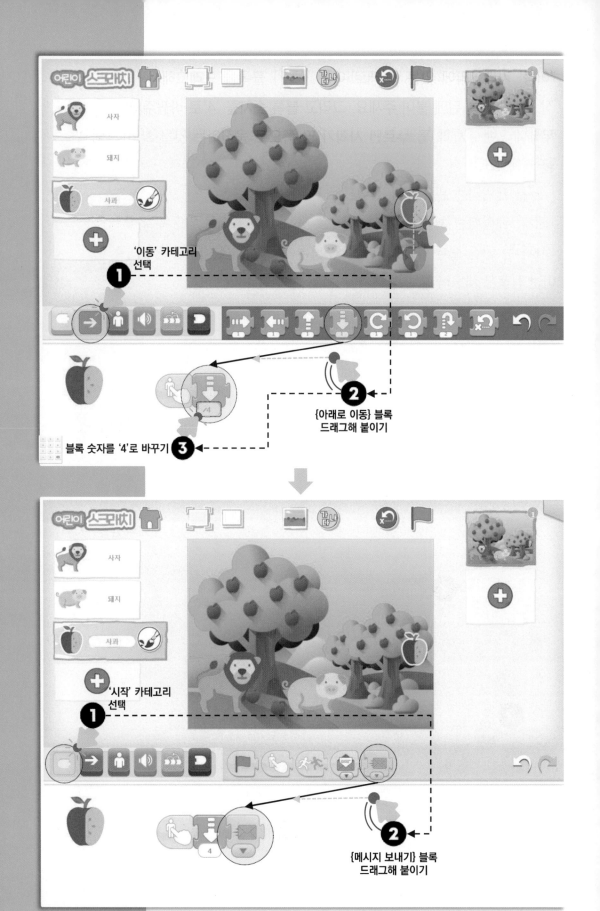

'이동' 카테고리
선택

1

{아래로 이동} 블록
드래그해 붙이기

2

블록 숫자를 '4'로 바꾸기 **3**

'시작' 카테고리
선택

1

{메시지 보내기} 블록
드래그해 붙이기

2

'이동' 카테고리에 있는 {아래로 이동 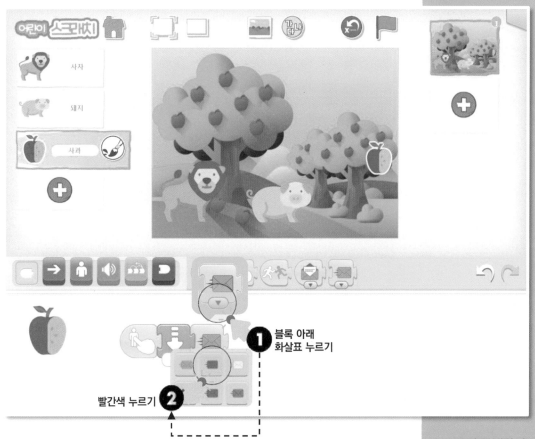 } 블록을 드래그해서 {탭하면 시작 } 블록 뒤에 붙여 주세요. 그리고 블록 숫자를 '4'로 바꿔주세요. 무대에 있는 「사과」를 누르면 사과가 땅 쪽으로 움직이는 것을 확인할 수 있을 거예요.

③ 메시지 블록을 넣어요.

이번에는 메시지 블록을 이용해 봐요. 메시지 블록은 {메시지 보내기 } 블록과 {메시지가 오면 시작 } 블록을 함께 사용해야 하는데요. {메시지 보내기 } 블록이 실행되면 {메시지가 오면 시작 } 블록으로 메시지가 보내져 스크립트가 실행돼요. 메시지는 6개의 색 중 하나를 선택할 수 있어요. 여기에서는 「사과」가 「돼지」에게 메시지를 보낼 거예요. {아래로 이동 } 블록 뒤에 {메시지 보내기 } 블록을 붙이고 색을 빨간색으로 바꿔주세요.

❶ 블록 아래
화살표 누르기

빨간색 누르기 ❷

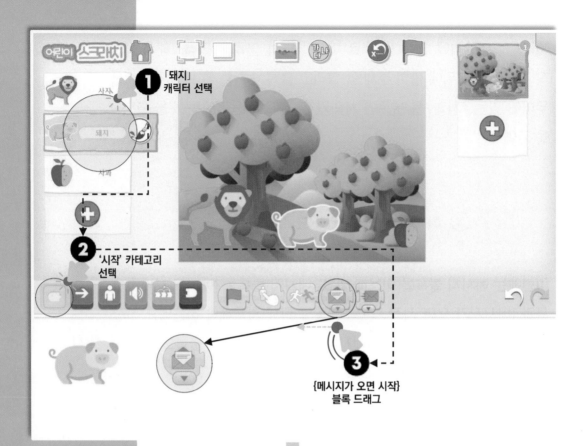

① 「돼지」 캐릭터 선택

② '시작' 카테고리 선택

③ {메시지가 오면 시작} 블록 드래그

① 블록 아래 화살표 누르기

② 빨간색 누르기

「돼지」는「사과」가 보낸 빨간색 메시지를 받아서 사용할 거예요.「돼지」캐 릭터를 선택하고 {메시지가 오면 시작 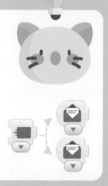 } 블록을 가져와주세요. 빨간색 메 시지를 받을 것이니 블록 아래 화살표를 눌러 빨간색으로 바꿔주세요.

「돼지」의 {메시지가 오면 시작 📧 } 블록 뒤에는 블록 들을 '이동' 카테고리에서 찾아 이어 붙여주세요. 그리고 블록의 블록 숫 자를 '7'로 바꿔주세요.「돼지」가「사과」로 가서 먹는 모습을 만들었어요.

메시지 보내기의 색이 주황색이면 주황색의 메시지가 오면 시작 블록만 실행돼요.

메시지 블록들을 사용할 때는 색에 주의해야 해요. 색이 서로 같아야 메시지를 주고 받을 수 있으니 {메시지 보내기 📧 } 블록과 {메시지가 오면 시작 📧 } 블록이 6가지 색 중에서 같은 색인지 확인해주세요.
하나의 {메시지 보내기 📧 } 블록에서 보낸 메시지를 여러 {메시지가 오면 시작 📧 } 블록에서 받을 수도 있어요.

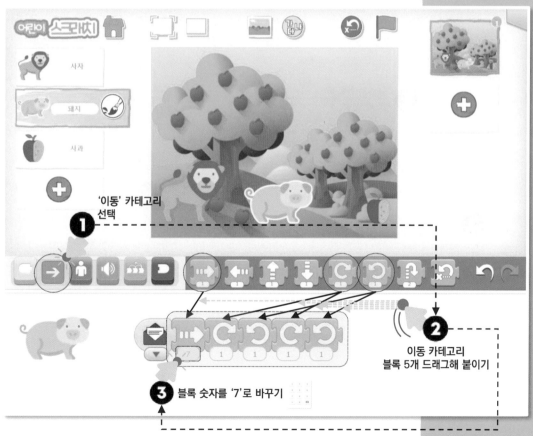

❶ '이동' 카테고리 선택

❷ 이동 카테고리 블록 5개 드래그해 붙이기

❸ 블록 숫자를 '7'로 바꾸기

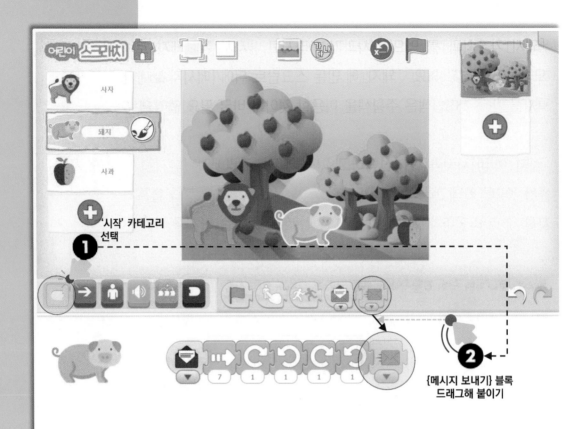

'시작' 카테고리
선택

{메시지 보내기} 블록
드래그해 붙이기

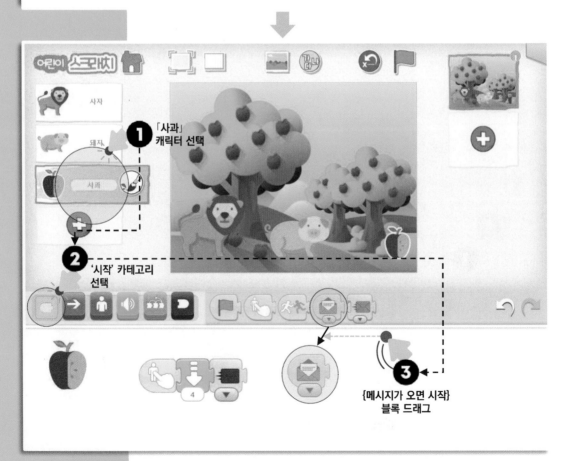

「사과」
캐릭터 선택

'시작' 카테고리
선택

{메시지가 오면 시작}
블록 드래그

「돼지」가「사과」를 먹으면 사과가 사라지고,「사자」가「돼지」로 가서 먹는 모습을 만들려고 해요.「돼지」에 만든 스크립트 뒤에 {메시지 보내기 📟} 블록을 붙여 주세요. 색은 주황색을 이용할 것이니 바꿀 필요 없어요.

다시「사과」캐릭터를 선택하고 '시작' 카테고리에서 {메시지가 오면 시작 📩} 블록을 가져와주세요.

메시지를 받으면「사과」가 없어지는 모습을 만들기 위해 '모양' 카테고리에 있는 {숨기기 🧍} 블록을 이어 붙여주세요.

「사과」를 눌러 볼까요?「사과」가 아래로 이동하고 빨간색 메시지를 보내면「돼지」가 이 메시지를 받아 이동하여「사과」를 먹어요.「사과」를 먹은「돼지」가 주황색 메시지를 보내면「사과」가 메시지를 받아 사라지게 돼요. 혹시「돼지」가「사과」에 가려진다면「돼지」를 살짝 드래그해 위에 오도록 해 주세요.

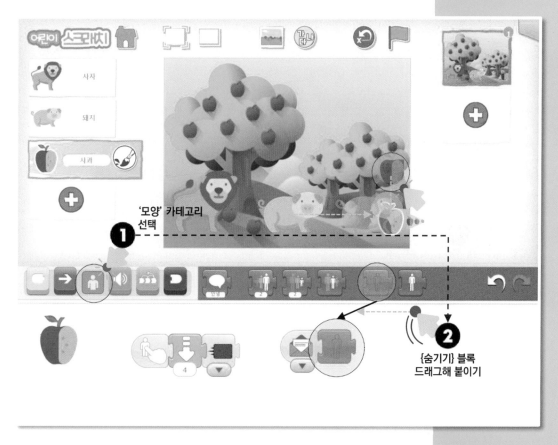

'모양' 카테고리 선택 ❶

{숨기기} 블록 드래그해 붙이기 ❷

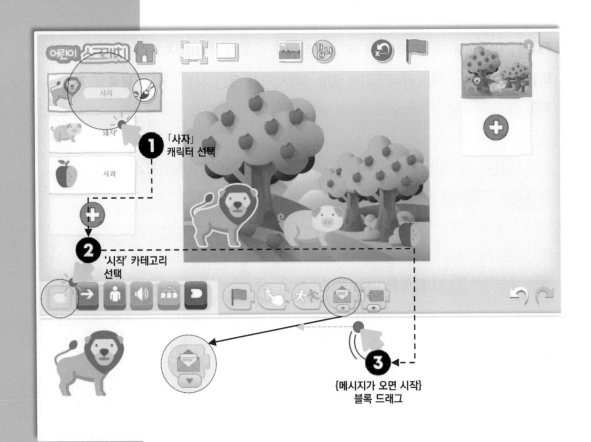

1 「사자」 캐릭터 선택

2 '시작' 카테고리 선택

3 {메시지가 오면 시작} 블록 드래그

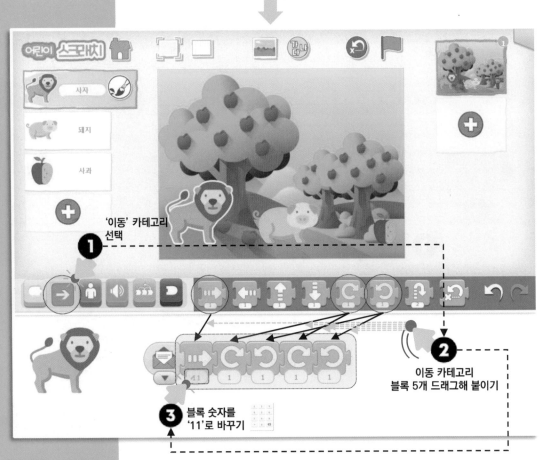

1 '이동' 카테고리 선택

2 이동 카테고리 블록 5개 드래그해 붙이기

3 블록 숫자를 '11'로 바꾸기

「사과」말고「사자」도 주황색 메시지를 받아 움직여야 하겠죠?「사자」캐릭 터를 선택해서 '시작' 카테고리에 있는 {메시지가 오면 시작 📨 } 블록을 가 져와 주세요.

그 뒤에는 🚌 🔄 🔄 🔄 🔄 블록들을 '이동' 카테고리에서 찾아 이어 붙 여주세요. 그리고 🚌 블록 아래의 블록 숫자를 '11'로 바꿔주세요.「사자」가 「돼지」로 가서 먹는 모습을 나타내요.

스크립트를 복사하는 방법 기억하나요? 앞 시간에 배웠는데요.「돼지」에 비 슷한 모양의 스크립트 📨 🚌 🔄 🔄 🔄 🔄 🔳 가 있으니 「사자」에 이 스크 립트를 드래그해서 복사하고 메시지 색과 블록 숫자를 바꿔서 사용해도 돼요.

이제「사자」가 돼지를 먹으면「돼지」가 사라지도록 만들 거예요. 스크립트 끝 에 {메시지 보내기 🔳 } 블록을 붙이고 색은 노란색으로 바꿔주세요.

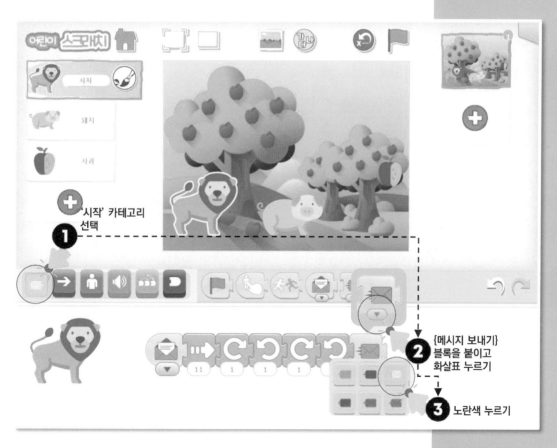

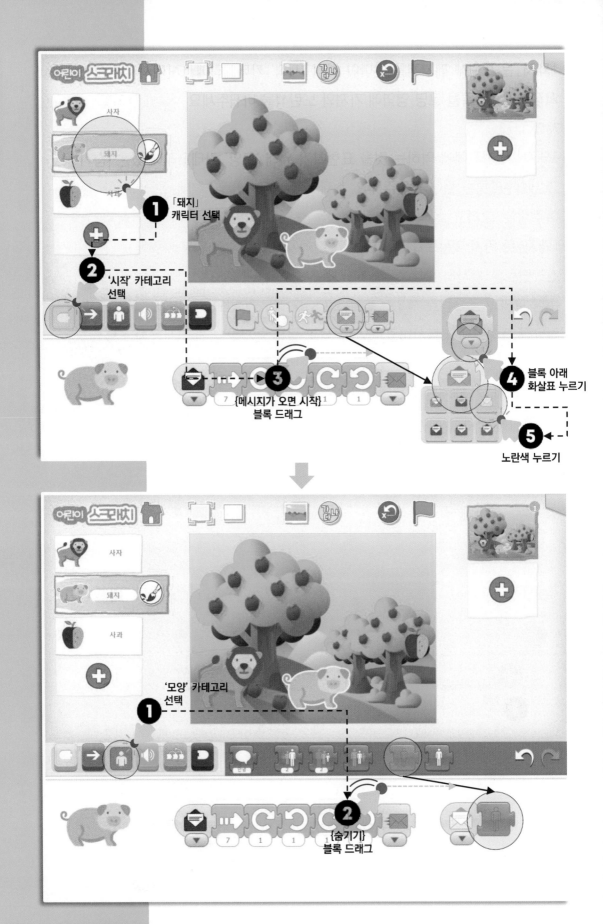

어린이 스크래치

❶ 「돼지」 캐릭터 선택

❷ '시작' 카테고리 선택

❸ {메시지가 오면 시작} 블록 드래그

❹ 블록 아래 화살표 누르기

❺ 노란색 누르기

어린이 스크래치

사자

돼지

사과

❶ '모양' 카테고리 선택

❷ {숨기기} 블록 드래그

「돼지」는 노란색 메시지를 받아야 하니 '시작' 카테고리에서 {메시지가 오면 시작 } 블록을 코딩 영역에 가져와 노란색을 바꿔주세요.

「돼지」가 사자에게 먹히는 것을 표현하기 위해 '모양' 카테고리에 있는 {숨기기 } 블록을 뒤에 붙여주세요.

드디어 모든 스크립트가 완성됐어요! 메시지들의 관계는 다음과 같아요.

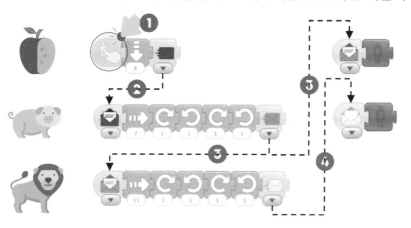

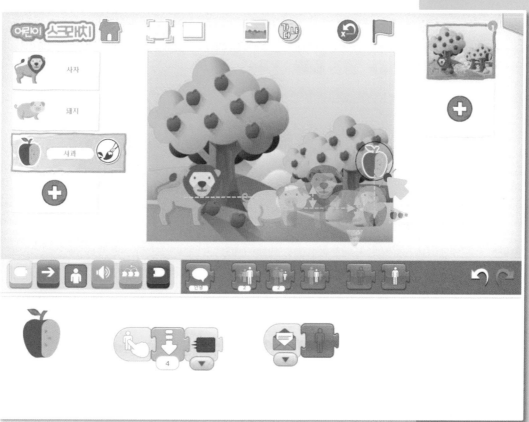

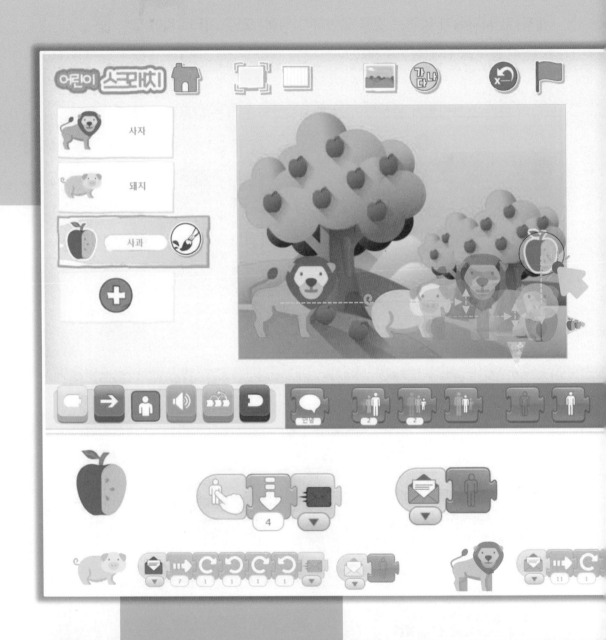

탭하면 시작 블록과 메시지가 오면 시작 블록을 사용해 보았어요.

{탭하면 시작 } 블록을 사용하면 캐릭터를 누를 때마다 원하는 동작을 실행하도록 만들 수 있어요. 캐릭터마다 따로 스크립트를 실행해야 할 때 좋겠죠? {메시지가 오면 시작 } 블록은 여러 캐릭터가 순서대로 스크립트를 실행해야 할 때 유용해요. 복잡하지만 잘 사용하면 멋질 거예요.

학부모님 읽어주세요!

{탭하면 시작}은 캐릭터를 누를 때마다 스크립트가 실행되도록 하는 시작 블록으로 소개 자료나 게임을 만들 때 유용하게 활용할 수 있습니다. 학생들에게 캐릭터를 여러 개 만들고 {탭하면 시작} 블록을 활용한 다양한 스크립트들을 만들 수 있도록 독려해주시기 바랍니다.

{메시지가 오면 시작}은 메시지를 주고 받으면서 여러 캐릭터의 스크립트들을 순차적으로 실행시킬 수 있기 때문에 높은 수준의 작품을 만드는데 자주 활용됩니다. 다만, 캐릭터의 숫자가 많아질수록 메시지 간의 관계가 복잡해지기에 원하는 작품을 만들기가 까다로워질 수 있습니다. 한 페이지에서 2~3개 이내의 메시지 블록을 활용한 코딩을 하는 것을 권장합니다.

작품 QR 코드

메시지 블록을 사용해서 소리가 나는 스크립트를 만들어 봐요!

만들어 놨던 스크립트들은 그대로 두고요. 각각의 캐릭터에서 어떤 색의 메시지를 보낼 때 그 메시지를 받아 소리를 내는 스크립트를 만들어 봐요.

「사과」에는 📩 에다가 '퍽' 소리 블록을, 「돼지」에는 📩 에다가 '힝' 소리 블록을, 「사자」에는 📩 에다가 '와우와우' 소리 블록을 붙여 봐요. 이와 같이 한 캐릭터 안에서도 같은 색의 메시지를 주고 받을 수 있어요.

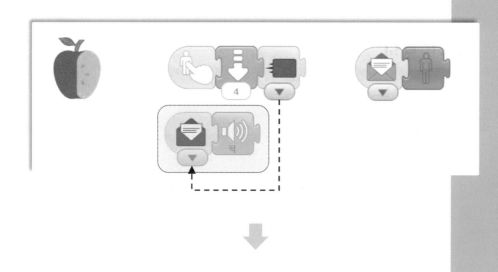

나쁜 도둑이 물건을 훔치려고 해요. 그냥 두어서는 안되겠죠?

물건을 훔치러 온 도둑이 경찰에게 잡히는 상황을

모양 카테고리의 블록들을 사용해 코딩해 봐요.

3.7 모양 블록 사용하기

- 말하기 블록을 사용해 봅니다.
- 캐릭터를 숨기거나 보이게 하고 크기를 바꿔 봅니다.

말하기 블록

캐릭터 위의 말풍선에 적은 내용을 표시해요.

숨기기 / 보이기 블록

무대의 캐릭터를 숨기거나 보이도록 해요.

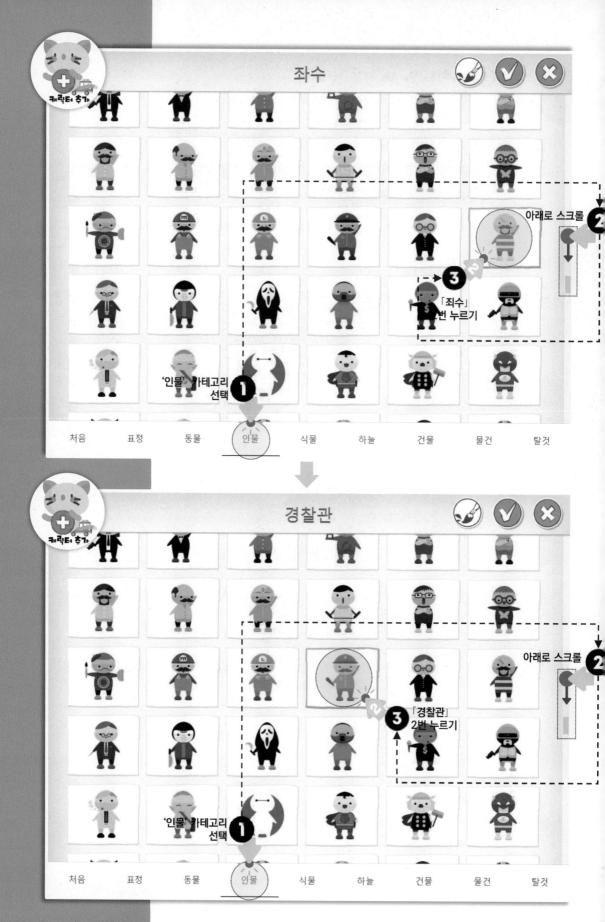

좌수

아래로 스크롤

「좌수」
번 누르기

'인물' 카테고리
선택

처음　표정　동물　인물　식물　하늘　건물　물건　탈것

경찰관

아래로 스크롤

「경찰관」
2번 누르기

'인물' 카테고리
선택

처음　표정　동물　인물　식물　하늘　건물　물건　탈것

① 캐릭터와 배경을 넣어요.

이번 작품은 밤인 배경에 경찰과 도둑이 있어야 해요.
캐릭터 추가 화면의 '인물' 카테고리에서 아래로 스크롤 하면 「죄수」와 「경찰관」 캐릭터가 있어요. 이 캐릭터들을 선택해 주세요.

배경은 배경 선택 화면에서 「밤 오두막」을 선택해 주세요.

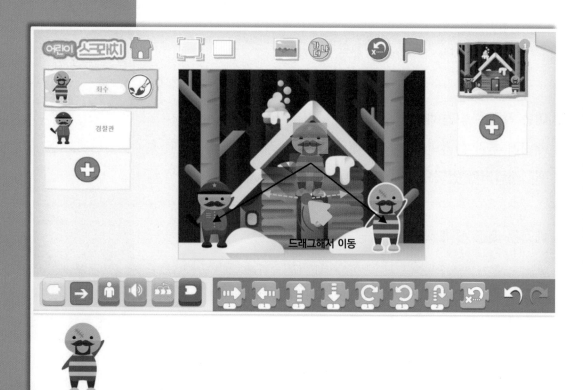

드래그해서 이동

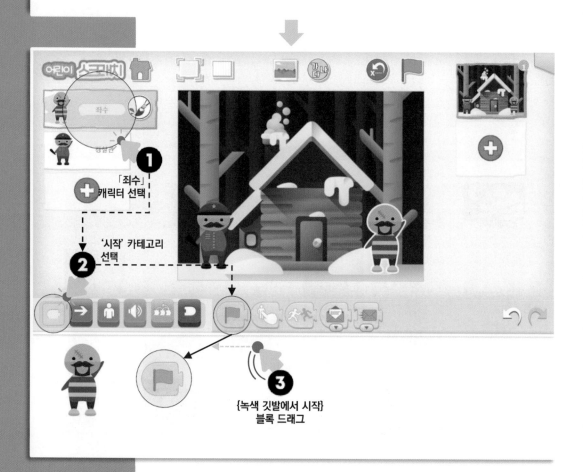

1 「죄수」 캐릭터 선택

2 '시작' 카테고리 선택

3 {녹색 깃발에서 시작} 블록 드래그

② 말하기 블록을 넣어요.

먼저 무대에 있는 「경찰관」을 왼쪽, 「죄수」를 오른쪽으로 드래그해서 옮겨주세요.

그 다음 캐릭터 영역에서 「죄수」를 선택하고 '시작' 카테고리에 있는 {녹색 깃발에서 시작 📕} 블록을 코딩 영역에 옮겨주세요.

「죄수」가 녹색 깃발 📕 버튼을 누르면 말할 수 있도록 '모양' 카테고리에 있는 {말하기 🗨} 블록을 {녹색 깃발에서 시작 📕}에 이어 붙여주세요.
녹색 깃발 📕 버튼을 눌러보면 {말하기 🗨} 블록에 처음 쓰여져 있는 텍스트인 '안녕'이라고 말하는 것을 확인할 수 있어요.

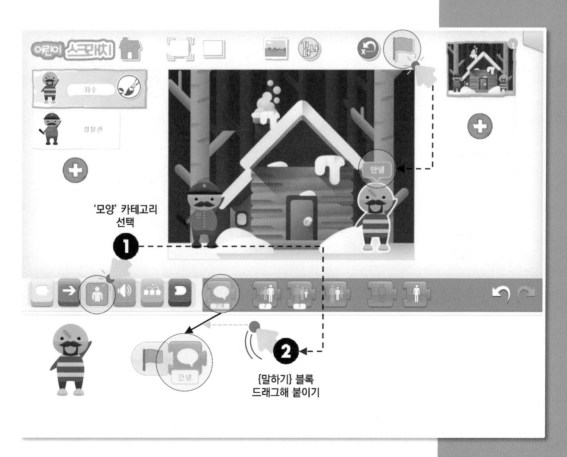

'모양' 카테고리 선택

{말하기} 블록
드래그해 붙이기

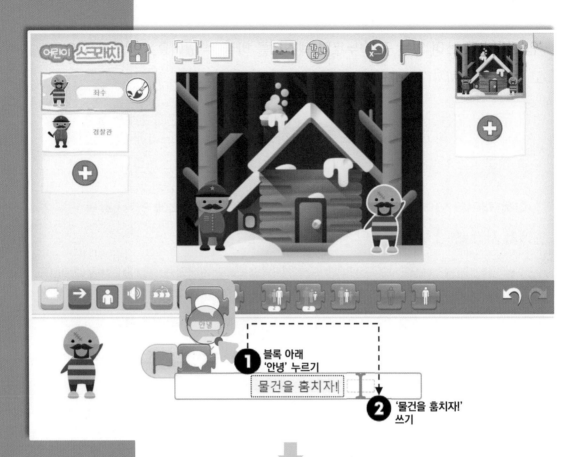

① 블록 아래
'안녕' 누르기

물건을 훔치자!

② '물건을 훔치자!'
쓰기

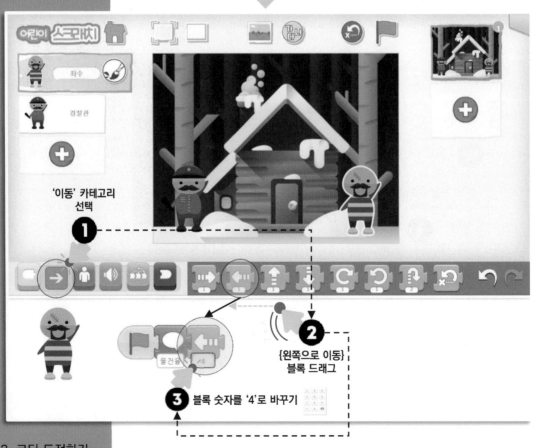

'이동' 카테고리
선택

①

② {왼쪽으로 이동}
블록 드래그

③ 블록 숫자를 '4'로 바꾸기

'안녕'이라고 쓰여 있는 곳을 누르면 텍스트를 바꿀 수 있어요. '안녕'을 지우고 '물건을 훔치자!'로 바꿔 써주세요.

「죄수」가 말을 하고 집의 문 앞으로 이동하도록 '이동' 카테고리에 있는 {왼쪽으로 이동 } 블록을 이어 붙이고 블록 숫자를 '4'로 바꿔주세요.

「죄수」가 움직인 뒤에 「경찰관」이 움직이게 하려면 어떻게 해야 할까요?
{메시지 보내기 } 블록을 이용해서 「경찰관」 캐릭터에게 메시지를 보내면 되겠죠. '시작' 카테고리에 있는 {메시지 보내기 } 을 이어 붙여 주세요. 색은 주황색을 그대로 이용하기로 해요.

흐흐흐!
무엇을 훔쳐볼까!

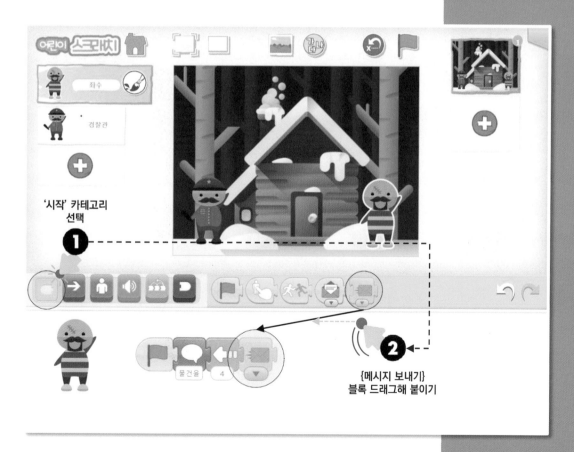

'시작' 카테고리
선택

❶

{메시지 보내기}
블록 드래그해 붙이기

❷

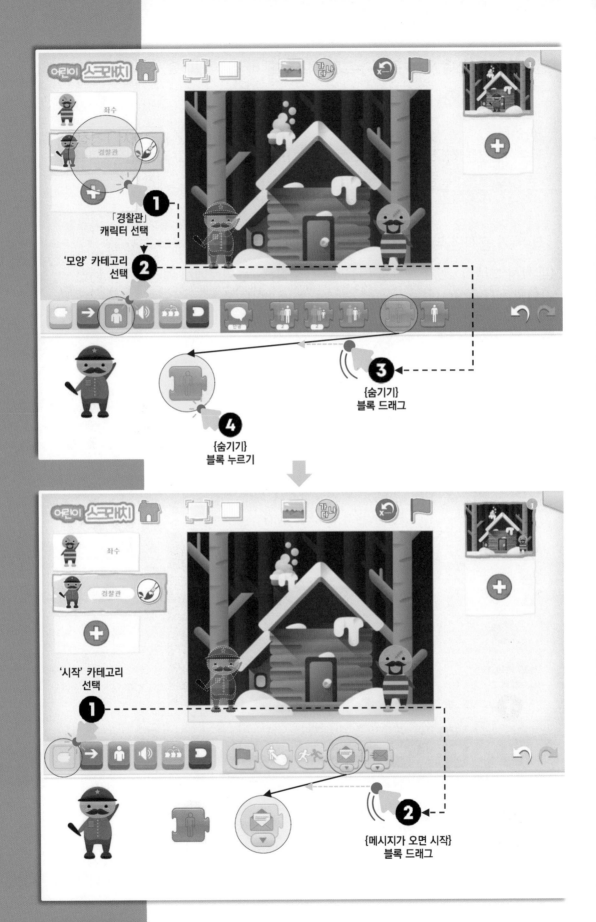

「경찰관」
캐릭터 선택 **1**

'모양' 카테고리
선택 **2**

3
{숨기기}
블록 드래그

4
{숨기기}
블록 누르기

'시작' 카테고리
선택 **1**

2
{메시지가 오면 시작}
블록 드래그

③ 숨기기 블록으로 캐릭터를 숨겨요.

「경찰관」은「죄수」가 물건을 훔치려고 할 때 나타나야 하겠죠? 그래서「경찰관」은 처음에 숨겨 놓을 거예요.

「경찰관」캐릭터를 선택하고 '모양' 카테고리에서 {숨기기 🧩} 블록을 드래그해 옮겨주세요. 그리고 코딩 영역의 {숨기기 🧩} 블록을 눌러주면「경찰관」이 무대에서 사라질 거예요. 무대에서는 사라졌지만 캐릭터와 코딩 영역에서「경찰관」이 아직 남아있음을 알 수 있어요.

「경찰관」은 나중에「죄수」가 주황색 메시지를 보내면 다시 나타나게 하려고 해요. {메시지가 오면 시작 🔽} 블록을 드래그해서 코딩 영역에 넣고, '모양' 카테고리의 {보이기 🧩} 블록을 이어 붙여주세요.

녹색 깃발 🚩 버튼을 눌러보면「죄수」가 움직이고 나서 숨겨 놓았던「경찰관」이 나타나는 것을 확인할 수 있어요.

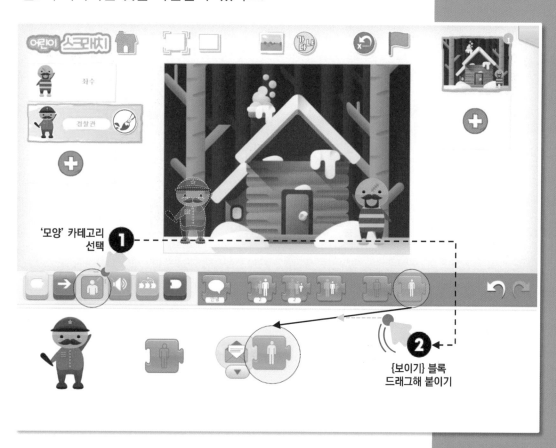

'모양' 카테고리 선택 ❶

❷ {보이기} 블록 드래그해 붙이기

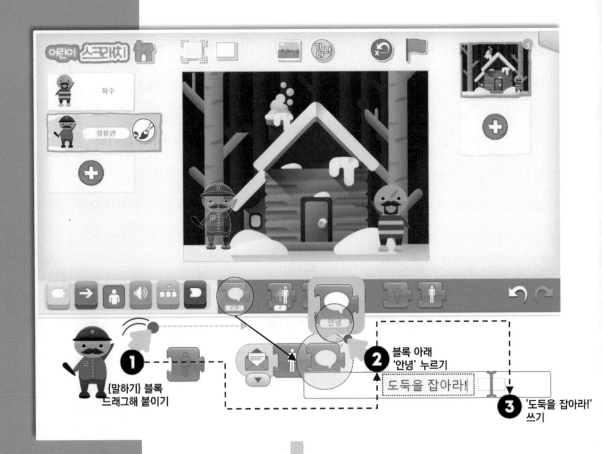

① {말하기} 블록
드래그해 붙이기

② 블록 아래
'안녕' 누르기

도둑을 잡아라!

③ '도둑을 잡아라!'
쓰기

① {크게 하기} 블록
드래그해 붙이기

도둑을

② 블록 숫자를 '5'로 바꾸기

「경찰관」의 스크립트에 '모양' 카테고리에 있는 {말하기 } 블록을 이어 붙여주세요. 텍스트를 '안녕' 대신 '도둑을 잡아라!'로 바꿔 써주세요.

「경찰관」이 나타날 때 멋져 보이도록 {크게 하기 🧍} 블록을 이어 붙이고 블록 숫자를 '5'로 바꿔주세요. 그리고 도둑을 잡는 모습을 표현하기 위해서 블록 ➡🔄🔃 들을 이어 붙이고, ➡ 의 블록 숫자를 '7'로 바꿔주세요.

말풍선이 보이는 시간이 너무 짧으면 텍스트 뒤에 빈칸을 넣어주세요.

{말하기 } 블록이 보이는 시간은 텍스트의 길이에 따라 달라져요. 짧은 텍스트라 말풍선이 너무 짧게 보이면 텍스트 뒤에 빈칸을 원하는 만큼 넣어주세요. 빈칸은 보이는 시간을 길게 하지만 말풍선에는 나타나지 않아요.

도둑을 잡아라!

스페이스 키를 여러 번 눌러 빈칸 만들기

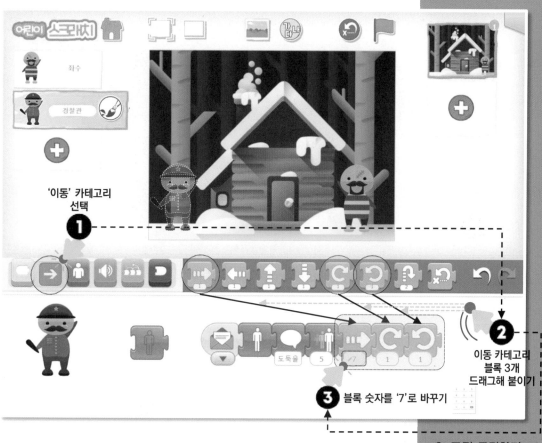

'이동' 카테고리 선택

① 이동 카테고리 블록 3개 드래그해 붙이기 ②

③ 블록 숫자를 '7'로 바꾸기

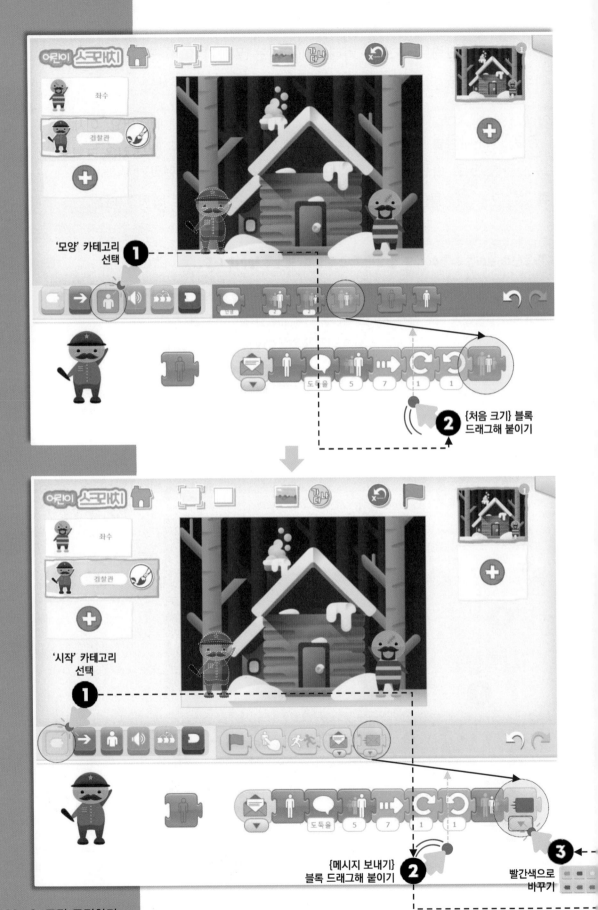

'모양' 카테고리
선택

1

2 {처음 크기} 블록
드래그해 붙이기

'시작' 카테고리
선택

1

2 {메시지 보내기}
블록 드래그해 붙이기

3 빨간색으로
바꾸기

④ 캐릭터의 크기를 다양하게 바꿔요.

앞에서 {크게 하기 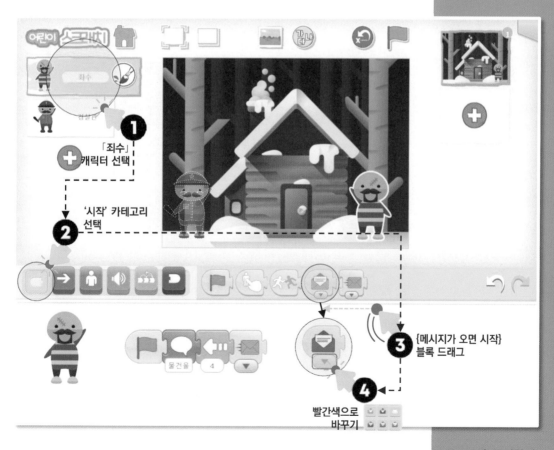 } 블록을 이용해서「경찰관」을 커지게 했었어요. 이제 스크립트의 이동 블록들 뒤에 {처음 크기 } 블록을 이어 붙여서 처음 크기 로 돌아오도록 해주세요.

스크립트의 마지막에는 빨간색 {메시지 보내기 } 블록을 넣어서「죄수」가 메시지를 받아 다음 행동을 할 수 있도록 해주세요.

이제 경찰관에게 혼나는「죄수」를 표현할 차례예요.「죄수」에 빨간색의 {메 시지가 오면 시작 } 블록을 드래그해 넣어주세요.

「죄수」 캐릭터 선택

'시작' 카테고리 선택

{메시지가 오면 시작} 블록 드래그

빨간색으로 바꾸기

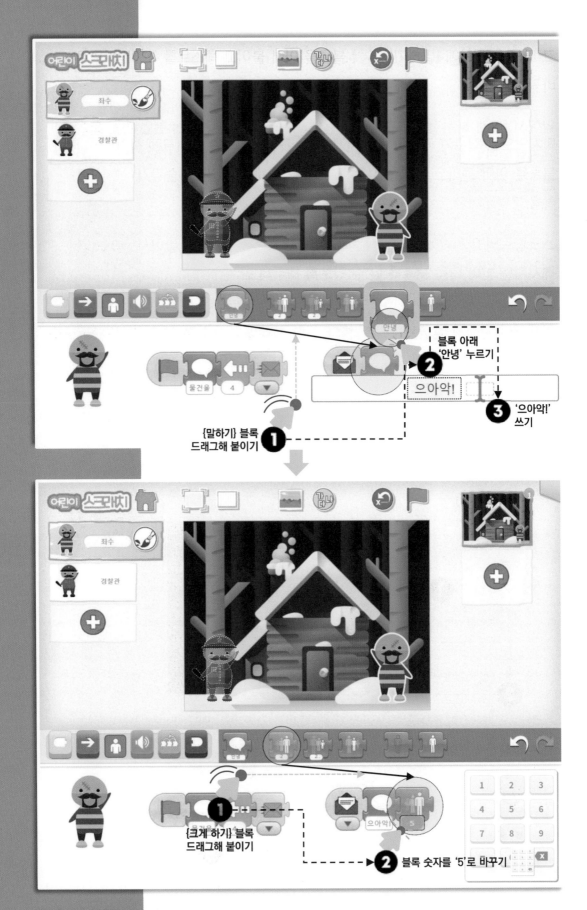

블록 아래
'안녕' 누르기

으아악!

'으아악!'
쓰기

{말하기} 블록
드래그해 붙이기

{크게 하기} 블록
드래그해 붙이기

블록 숫자를 '5'로 바꾸기

그 다음 「죄수」에 {말하기 } 블록을 이어 붙이고 텍스트를 '으아악!'으로 바꿔 써주세요.

마지막으로 죄수가 커지고 사라지게 만들 거예요. 「죄수」에 {크게 하기  } 블록을 이어 붙이고 블록 숫자를 '5'로 바꿔주세요. 그리고 {숨기기 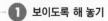 } 블록을 붙여주세요.

숨기기 블록으로 캐릭터를 숨겨 놓을 수 있어요.

{숨기기 } 블록은 시작할 때 무대에서 캐릭터를 보이지 않게 하는 데에도 활용할 수 있어요. 그런데 무대에 캐릭터가 보이지 않으면 작품을 만드는데 불편함이 있죠. 이때 코딩 영역에 {보이기 } 블록을 넣고 눌러 캐릭터를 보이게 하고 작품이 완성되면 {숨기기 } 블록으로 다시 숨기면 편리해요.

① 보이도록 해 놓기

② 완성 후 숨기기

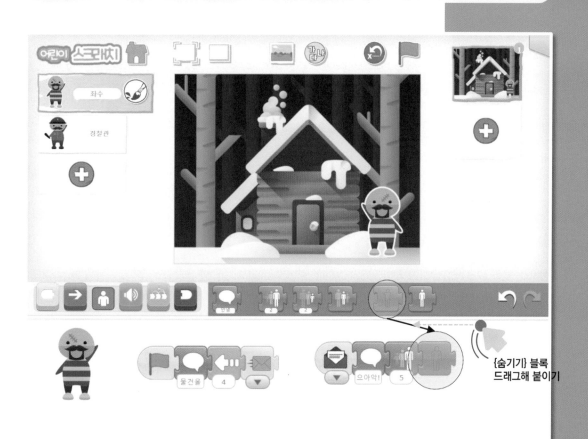

{숨기기} 블록
드래그해 붙이기

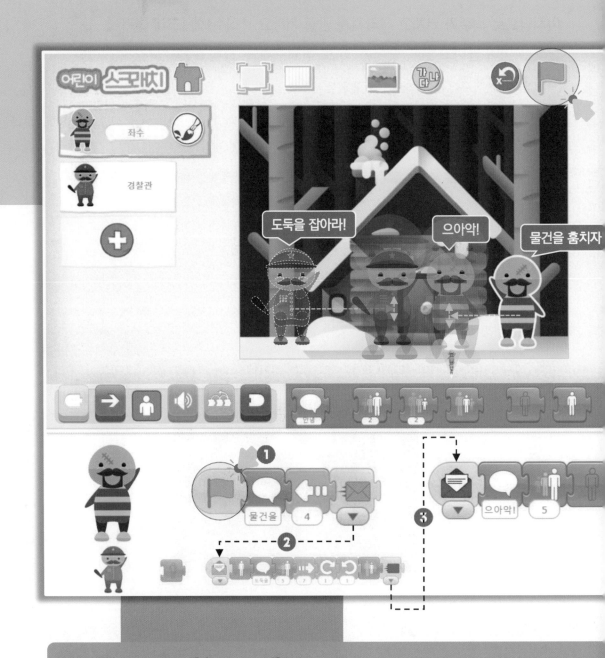

말하기 블록을 넣고 캐릭터를 숨기거나 크기를 변경해 보았어요.

{말하기 💬} 블록은 말풍선으로 표시되는 말을 넣을 수 있도록 해줘요. 이야기가 있는 작품을 만들 때 활용할 수 있어요. 🚶 🚶 🚶 블록으로 캐릭터의 크기를 바꾸거나, 🚶 🚶 블록으로 캐릭터를 숨기고 보이도록 하면 보다 재미있고 다양한 움직임이 있는 작품을 꾸밀 수 있을 거예요.

학부모님 읽어주세요!

{말하기} 블록은 이동 블록들과 더불어 사용이 많은 블록입니다. 이야기가 있는 작품을 만드는데 유용하게 활용할 수 있지만 너무 많이 사용하면 코딩 학습 본연의 목적을 잃어버릴 수 있으니 필요한 경우에 적당량만 사용하도록 지도해야 합니다. 더불어 타자에 익숙하지 않은 학생들은 어른의 도움이 필요합니다.

크기 변경과 보임 여부를 변경하는 블록들은 개체의 속성 변경과 관련됩니다. 블록을 사용하는 과정에서 코딩과 개체의 속성 간의 관련성을 경험하게 되므로 다양하게 활용해 볼 수 있도록 독려해 주시기를 부탁드립니다.

작품 QR 코드

더 배워 보기!

메시지를 받으면 커지며 나타나는 캐릭터를 추가해 봐요!

「마스크맨」 캐릭터를 추가하여 「죄수」의 메시지를 받아 교훈을 전달하는 스크립트를 만들어 봐요.

「마스크맨」은 「경찰관」처럼 숨겨져 있다가 초록 메시지를 받으면 나타나게 돼요. 동시에 커졌다 작아지고 말을 하죠. 이처럼 여러 모양 카테고리의 블록들을 다양하게 활용하는 캐릭터를 더 만들어 봐요.

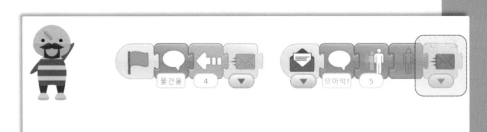

외계인이 나타났어요!

그런데 착한 외계인이라 멋진 모습을 자랑하고 싶다고 하네요.

누를 때 마다 소리를 내며 움직이는 캐릭터들을 코딩해 봐요.

3.8 소리 블록 사용하기

- 소리 블록을 사용해 봅니다.
- 탭하면 시작 블록으로 누를 때 움직이는 캐릭터를 만들어 봅니다.

효과음 재생 블록

효과음을 들려줘요. 다양한 종류가 있어요.

팝   따라르라   따따띠띠   또로라라   뿌이뿌이   뜨리르릿   펑   또낑   와외와   띵똥

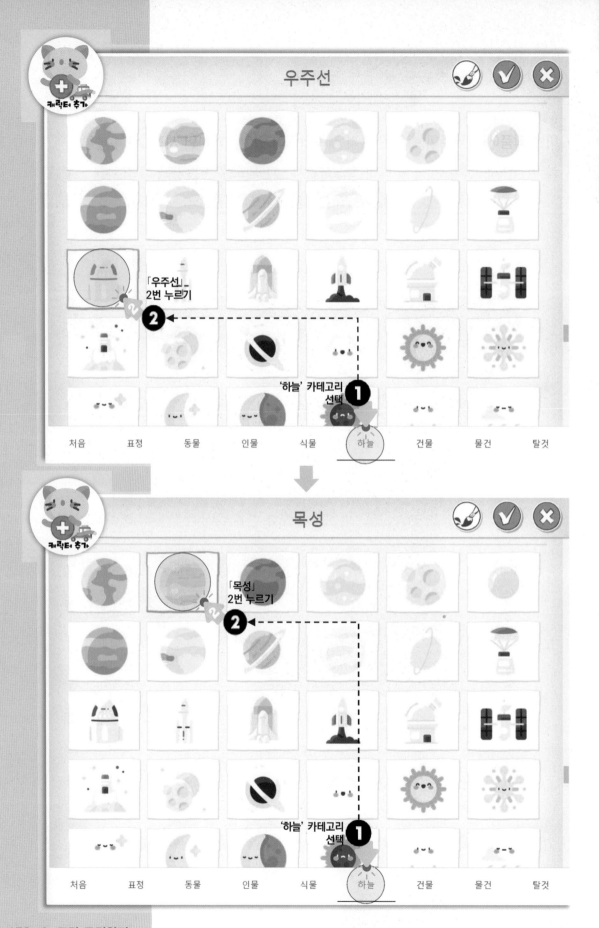

「우주선」
2번 누르기

'하늘' 카테고리
선택

처음　　표정　　동물　　인물　　식물　　하늘　　건물　　물건　　탈것

「목성」
2번 누르기

'하늘' 카테고리
선택

처음　　표정　　동물　　인물　　식물　　하늘　　건물　　물건　　탈것

① 캐릭터와 배경을 넣어요.

이번 작품에는 우주와 관련된 여러 캐릭터들이 있고, {탭하면 시작 🐾} 블록을 이용해서 캐릭터들을 누르면 스크립트가 실행되도록 만들려고 해요.

우주와 관련된 캐릭터는 캐릭터 추가 화면의 '하늘' 카테고리에 많이 있어요. '하늘' 카테고리에 있는「우주선」,「목성」,「우주정거장」캐릭터를 찾아 넣어 주세요.

우주를 날아다니는
우주선!

나는 태양계에서
제일 큰 행성인 목성!

응답하라 지구!
여기는 우주정거장~

「우주정거장」
2번 누르기

'하늘' 카테고리
선택

4개의 캐릭터 중 마지막 「외계인」은 '인물' 카테고리에 있어요. 「외계인」도 추가해주세요.

배경은 배경 선택 화면에서 아래로 스크롤을 조금 내리면 있는 「플라네타리움」을 선택해주세요.

이번 작품은 캐릭터가 4개로 좀 많죠? 캐릭터를 아래 그림과 같은 위치에 옮겨주세요.

안녕~ 지구인들아!
나는 나쁜 외계인이 아니야!
멋진 모습을 보여 줄게.

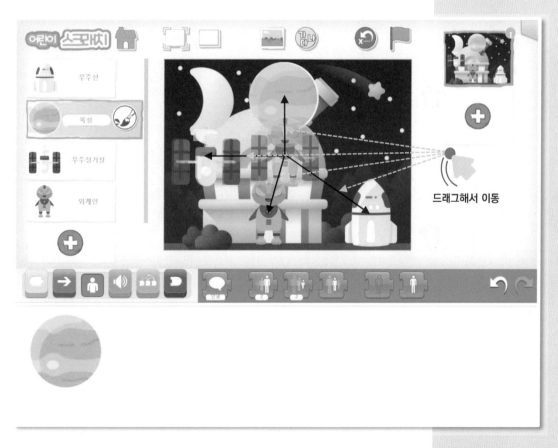

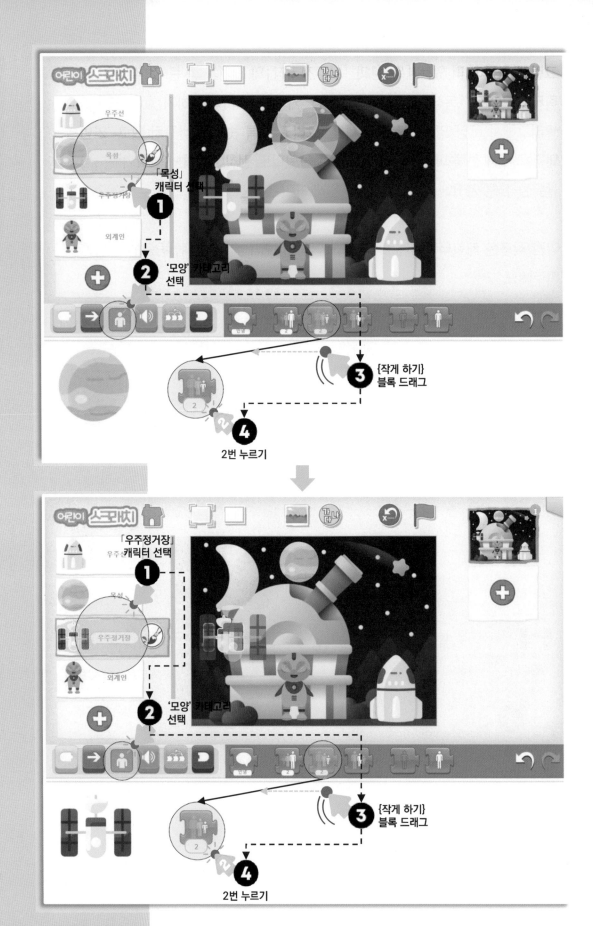

「목성」
캐릭터 선택

1

「목성」 캐릭터 선택

2

'모양' 카테고리
선택

3

{작게 하기}
블록 드래그

4

2번 누르기

「우주정거장」
우주선 캐릭터 선택

1

2

'모양' 카테고리
선택

3

{작게 하기}
블록 드래그

4

2번 누르기

그런데 하늘에 떠 있는 「목성」과 「우주정거장」의 크기가 좀 큰 것 같아요. 캐릭터 영역에서 「목성」을 선택하고 '모양' 카테고리의 {작게 하기 🧍} 블록을 드래그해서 코딩 영역에 넣어주세요. 그리고 블록 숫자를 바꾸지 않고 '2'번만 눌러주세요. 혹시 실수로 너무 많이 눌렀어도 괜찮아요. {처음 크기 🧍} 블록을 코딩 영역에 가져와 누르면 원래 크기로 돌아오니 다시 할 수 있어요.

「우주정거장」도 「목성」과 마찬가지로 {작게 하기 🧍} 블록을 코딩 영역에 가져와서 '2' 번 눌러주세요.

작아진 「목성」과 「우주정거장」을 적당한 위치로 조금씩 드래그해서 옮겨주세요. 캐릭터와 배경의 준비가 모두 끝났어요. 이제는 각 캐릭터에 {탭하면 시작 🖐} 블록을 이용한 스크립트들을 만들어 볼 거예요.
「우주선」 캐릭터를 선택하고 '시작' 카테고리에 있는 {탭하면 시작 🖐} 블록을 코딩 영역에 드래그해 옮겨주세요.

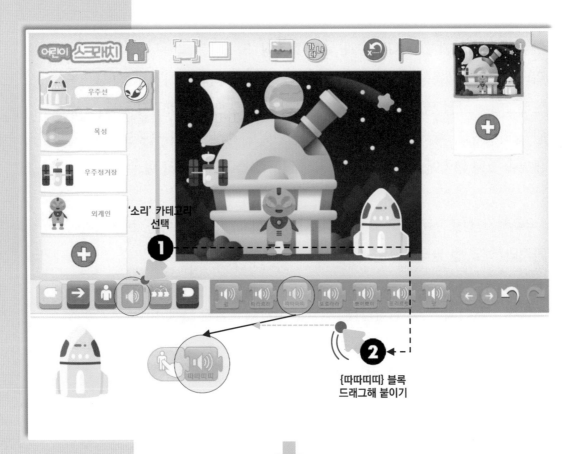

① '소리' 카테고리 선택

② {따따띠띠} 블록 드래그해 붙이기

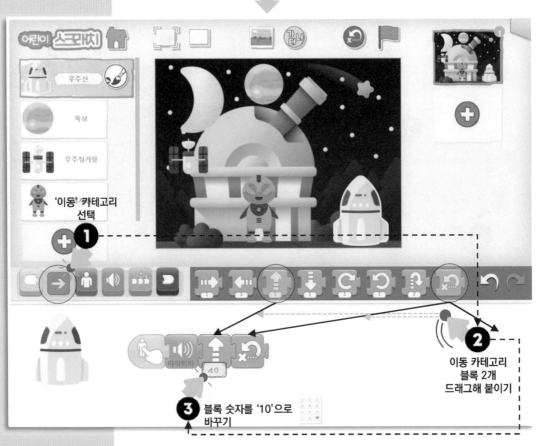

① '이동' 카테고리 선택

② 이동 카테고리 블록 2개 드래그해 붙이기

③ 블록 숫자를 '10'으로 바꾸기

② 캐릭터를 누르면 실행되도록 만들어요.

「우주선」 캐릭터에 '소리' 카테고리에 있는 {따따띠띠 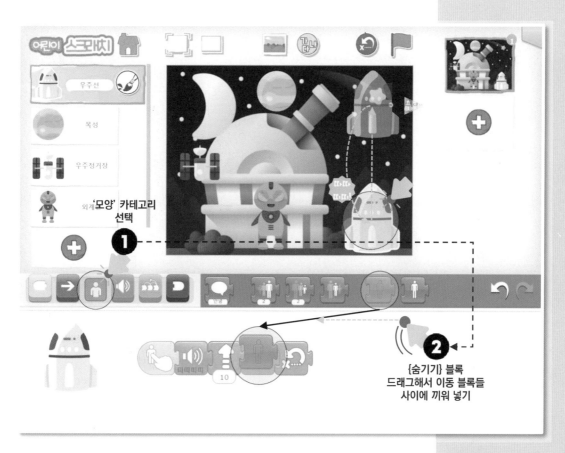} 블록을 {탭하면 시작 } 블록에 이어 붙여주세요. 이제 「우주선」을 누르면 소리가 나요.

그리고 '이동' 카테고리에 있는 {위로 이동 } 블록과 {처음으로 이동 } 블록을 이어 붙이고, {위로 이동 }의 블록 숫자를 '10'으로 바꿔주세요.

다음으로 '모양' 카테고리의 {숨기기 } 블록을 {위로 이동 } 블록과 {처음으로 이동 } 블록 사이에 끼워 넣어주세요. 블록들 사이에 새로운 블록을 가져가면 회색의 빈 공간이 생기고 끼워 넣을 수 있어요.
이제 「우주선」을 누르면 '따따띠띠' 소라가 나고, 위로 움직인 후 사라졌다가 원래 위치로 돌아가는 것을 확인할 수 있을 거예요.

'모양' 카테고리
선택

{숨기기} 블록
드래그해서 이동 블록들
사이에 끼워 넣기

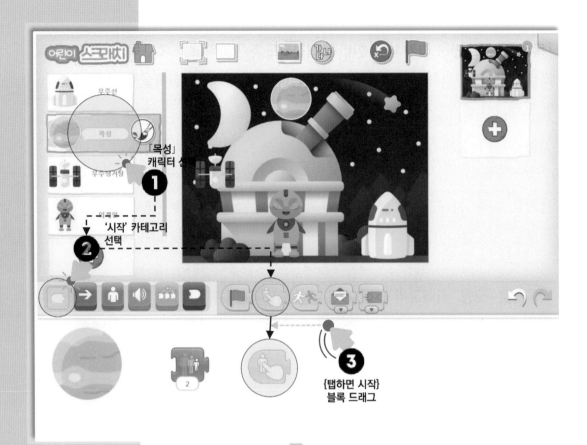

「목성」 캐릭터 선택

1

'시작' 카테고리
선택

2

3

{탭하면 시작}
블록 드래그

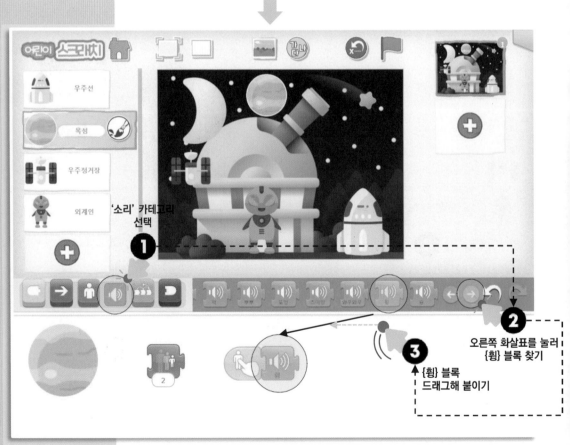

'소리' 카테고리
선택

1

오른쪽 화살표를 눌러
{휨} 블록 찾기

2

3

{휨} 블록
드래그해 붙이기

「목성」은 누르면 소리가 나고 한바퀴 회전하도록 만들려고 해요. 「목성」 캐릭터를 선택하고 '시작' 카테고리에 있는 {탭하면 시작 👆 } 블록을 코딩 영역에 드래그해 옮겨주세요.

'소리' 카테고리에 있는 {휭 🔊 } 블록을 {탭하면 시작 👆 } 블록에 이어 붙여주세요. {휭 🔊 } 블록은 '소리' 카테고리의 오른쪽 끝 부근에 있으므로 오른쪽 화살표를 이용하여 찾아야 해요.

다음으로 '이동' 카테고리의 {오른쪽으로 회전 🔄 } 블록을 가져와 블록 숫자를 '12'로 바꿔주세요. 회전 블록은 숫자 '12'일 때 한 바퀴 돈다는 것 기억하고 있나요? 다 만들고 「목성」을 누르면 '휭' 소리가 난 다음 오른쪽으로 한 바퀴 회전할 거예요.

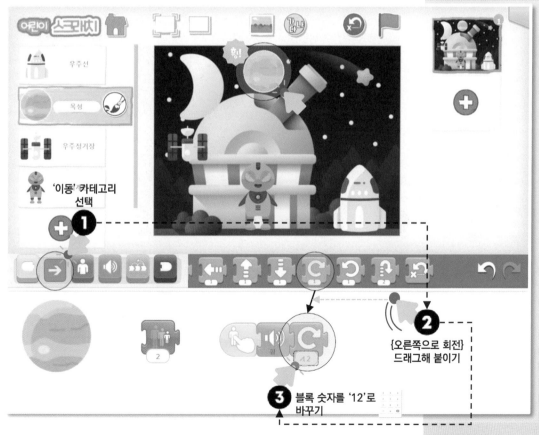

「우주 정거장」 캐릭터 선택

❶

'시작' 카테고리 선택

❷

❸

{탭하면 시작}
블록 2개 드래그

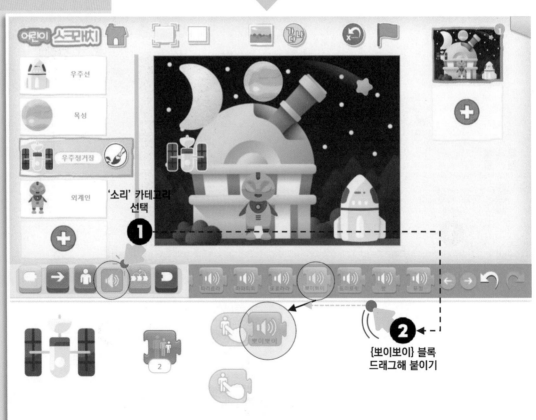

'소리' 카테고리 선택

❶

❷

{뽀이뽀이} 블록
드래그해 붙이기

「우주 정거장」은 누르면 소리가 나면서 오른쪽으로 움직이도록 만들 거예요. 여태까지는 소리가 난 후 움직임이 있었지만 이번에는 소리가 나면서 움직이도록 만들 거예요. 「우주 정거장」 캐릭터의 코딩 영역에 {탭하면 시작 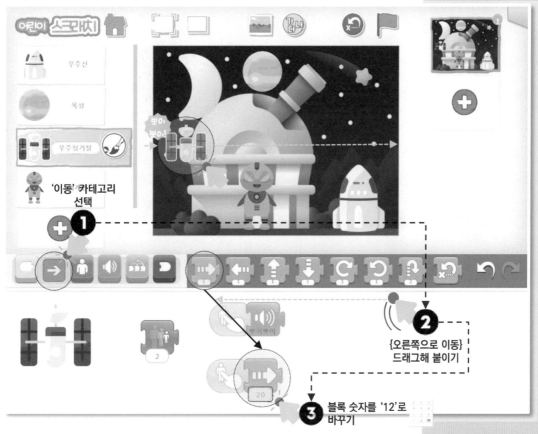 } 블록을 2개 가져와 주세요.

위에 있는 {탭하면 시작 } 블록에는 {뾰이뾰이 } 블록을 이어 붙여주세요.

아래에 있는 {탭하면 시작 } 블록에는 '이동' 카테고리의 {오른쪽으로 이동 } 블록을 가져와 블록 숫자를 '20'으로 바꿔주세요. 가로로 20만큼 움직이면 제자리로 돌아오게 돼요.
「우주 정거장」을 누르면 '뾰이뾰이' 소리를 내면서 오른쪽으로 갔다가 왼쪽에서 나와 제자리로 돌아올 거예요. 이처럼 동시에 여러 동작을 하기 위해서는 같은 시작 블록들을 여러 개 만들어서 다른 블록들을 붙이면 돼요.

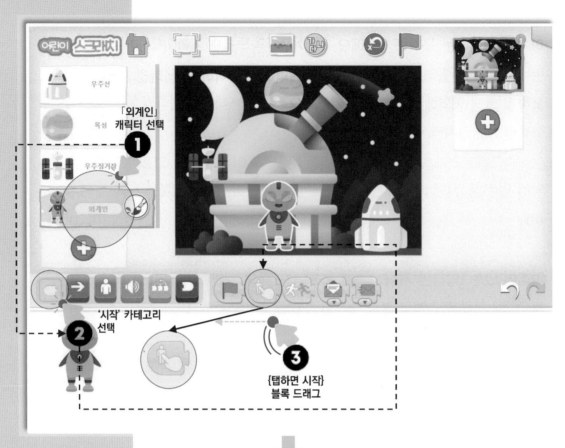

「외계인」캐릭터 선택 **1**

'시작' 카테고리 선택 **2**

{탭하면 시작} 블록 드래그 **3**

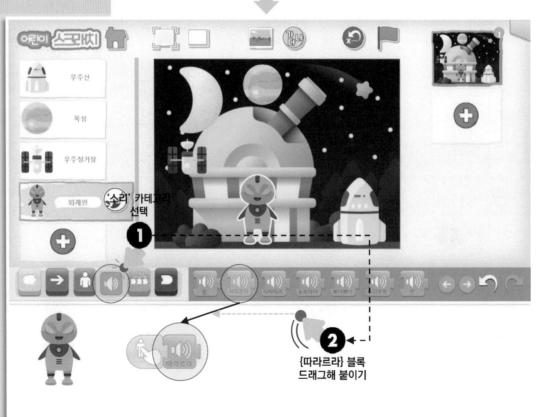

'소리' 카테고리 선택 **1**

{따라르라} 블록 드래그해 붙이기 **2**

마지막 캐릭터는 「외계인」이에요. 「외계인」은 누르면 소리가 나고 곡예를 하는 모습으로 만들려고 해요. 「외계인」 캐릭터를 선택하고 {탭하면 시작 } 블록을 코딩 영역에 드래그해 옮겨주세요.

'소리' 카테고리에 있는 {따라르라 } 블록을 이어 붙여주세요.

이제 '이동' 카테고리의 {위로 이동 }, {오른쪽으로 회전 }, {아래로 이동 } 블록을 가져와 블록 숫자를 각각 '3', '12', '3' 으로 바꿔 주세요. 「외계인」을 눌러보면 '따라르라' 소리를 내고 위로 갔다가 한 바퀴 돌고 아래로 내려오는 것을 볼 수 있을 거예요. 만약 소리를 내는 것과 움직이는 것을 같이하고 싶다면 「우주 정거장」처럼 {탭하면 시작 } 블록을 2개 이용해서 와 같이 소리 블록과 이동 블록들을 따로 붙여 놓으면 돼요.

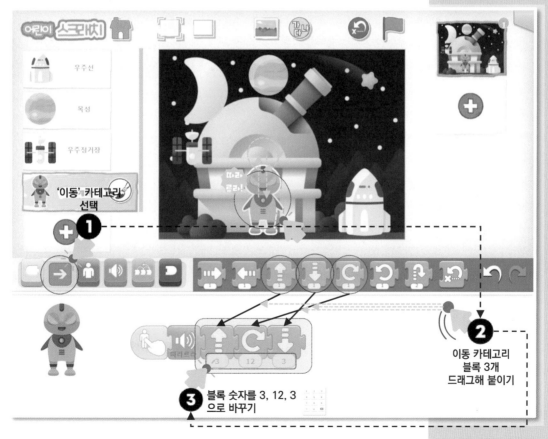

소리 블록과 탭하면 시작 블록을 사용한 작품을 만들어 보았어요.

소리 카테고리의 블록은 이름만 보고 어떤 소리가 나는지 알기 어려워요. 이럴 때 코딩 영역에 블록을 가져와 눌러보세요. 하나씩 눌러보면 어떤 소리인지 확인할 수 있을 거예요. {탭하면 시작 } 블록은 캐릭터를 누를 때마다 스크립트가 실행되니 캐릭터 소개나 게임과 같은 작품에 활용할 수 있어요.

학부모님 읽어주세요!

소리 카테고리의 블록들은 시각 효과 위주의 다른 블록들과 함께 사용했을 때 작품을 감각적으로 더 풍부하게 만들어 주는 장점이 있습니다. 단, 소리 블록들마다 각기 다른 지속 시간이 있기 때문에 여러 캐릭터들의 동작에 타이밍을 맞춰야 하는 작품에는 작업의 번거로움이 있을 수도 있습니다. 이럴 때는 소리 블록을 스크립트의 뒤쪽에 놓거나 별도의 시작 블록에 소리 블록을 붙여 동작과 함께 소리가 나도록 함으로써 해결이 가능합니다.

{탭하면 시작} 블록은 누를 때마다 반복적인 동작이 가능하고, 사용 방법이 직관적이므로 아이들이 선호하는 시작 블록입니다. {메시지가 오면 시작}이나 {닿으면 시작} 블록들과 연계해서 사용하면 더 재미있는 작품을 만들 수 있으니 다양하게 응용할 수 있도록 독려를 부탁드립니다.

작품 QR 코드

{녹색 깃발에서 시작} 블록을 사용하는 스크립트도 추가해 봐요!

「외계인」과 같은 한 캐릭터에 {녹색 깃발에서 시작 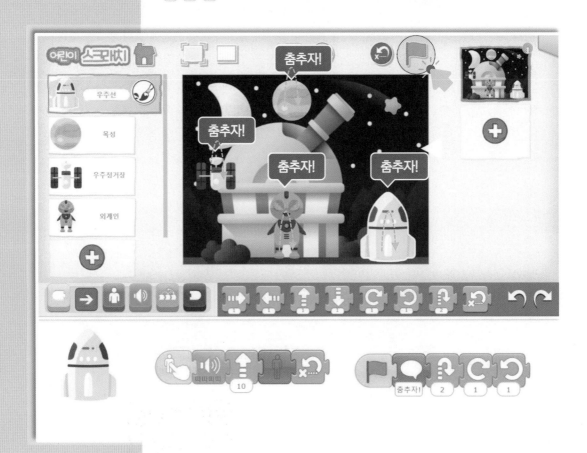}과 {말하기 },
이동 블록 이 포함된 스크립트를 하나 만들어요.

만든 스크립트를 드래그해서 다른 캐릭터들에 복사하면 모두 같은 스크립
트들을 갖게 돼요. 이제 녹색 깃발 🚩 버튼을 누르면 모두 동시에 말하고
움직이게 돼요. 이처럼 작품에서 다양한 시작 블록들을 함께 사용해 봐요.

춤추자!

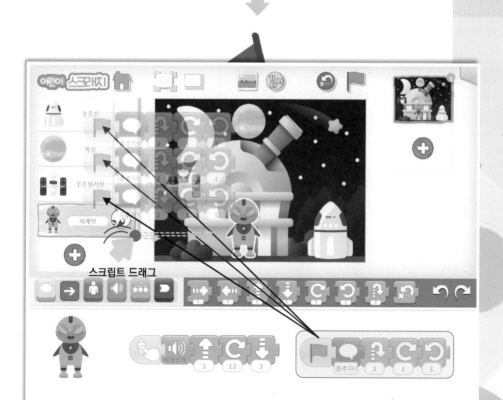

여우가 고슴도치와 친구가 되고 싶어해요.

그래서 고슴도치에게 다가갔는데 가시에 그만!

다양한 제어 블록을 이용해서

여우와 고슴도치의 이야기를 코딩해 봐요.

제어 블록 사용하기

- 속도 조절 블록을 사용해 스크립트의 실행 속도를 바꿔 봅니다.
- 반복하기 블록을 이용해 블록들을 여러 번 실행해 봅니다.

속도 조절 블록

캐릭터의 스크립트 실행 속도를 바꿔요.

반복하기 블록

반복하기 블록 안의 블록들을 블록 숫자만큼
반복해서 실행해요.

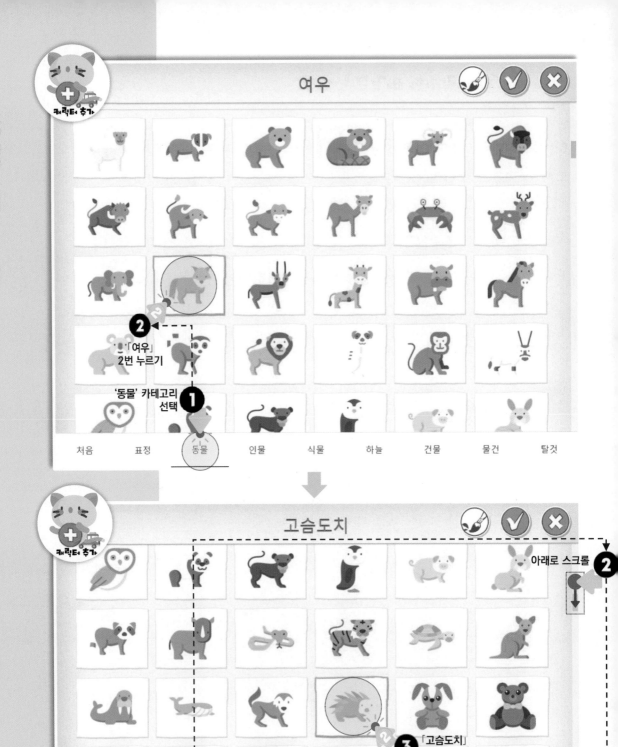

여우

'동물' 카테고리 선택 ❶

「여우」 2번 누르기 ❷

처음　표정　동물　인물　식물　하늘　건물　물건　탈것

고습도치

아래로 스크롤 ❷

'동물' 카테고리 선택 ❶

「고습도치」 2번 누르기 ❸

처음　표정　동물　인물　식물　하늘　건물　물건　탈것

① 캐릭터와 배경을 넣어요.

이번 작품에는 사막에 여우와 고슴도치가 있는 상황을 만들 거예요.
우선 캐릭터 추가 화면에서 '동물' 카테고리를 선택하면「여우」가 보여요.

조금 아래로 스크롤 하면「고슴도치」가 있어요. 이 캐릭터들을 추가해 주세요.

배경은 배경 선택 화면에서「사막」을 선택해 주세요.

난 고슴도치의
친구가 되고 싶어~

어? 난 아직 잘
모르겠는데ㅠㅠ

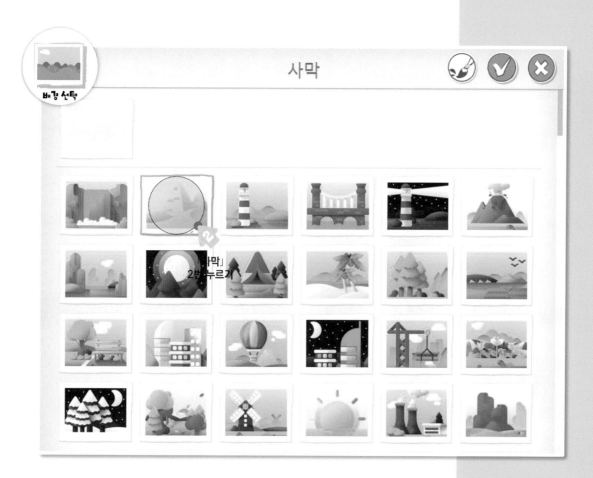

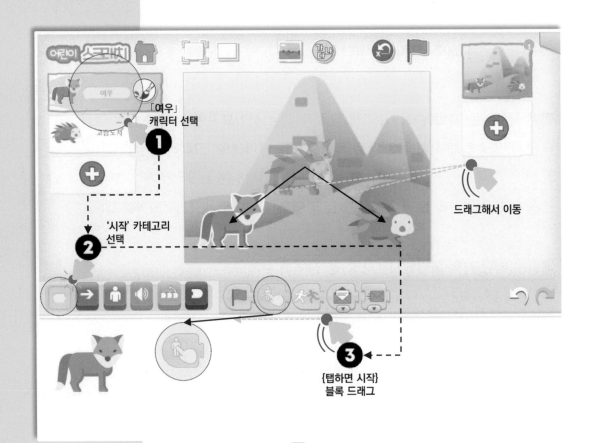

「여우」
캐릭터 선택

①

'시작' 카테고리
선택

②

드래그해서 이동

③

{탭하면 시작}
블록 드래그

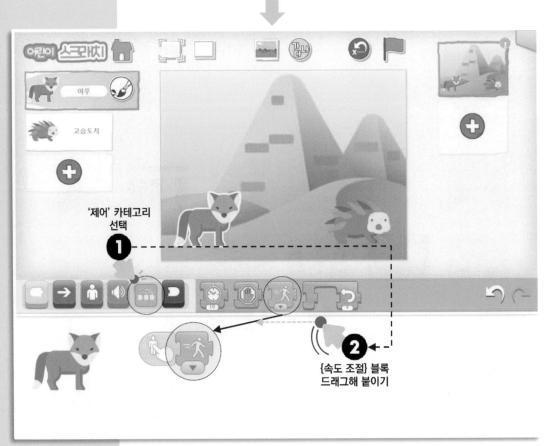

'제어' 카테고리
선택

①

{속도 조절} 블록
드래그해 붙이기

②

② 누르면 움직이도록 만들어요.

「여우」는 누르면 「고슴도치」에게 다가가고 닿으면 뾰족한 가시에 깜짝 놀라는 것처럼 움직이며 처음 자리로 돌아오도록 할거예요. 그러려면 {탭하면 시작 🖐} 블록과 {닿으면 시작 🏃} 블록으로 시작하는 스크립트가 있어야 해요. 우선 {탭하면 시작 🖐} 블록을 코딩 영역에 옮겨주세요.

그리고 '제어' 카테고리의 {속도 조절 🏃} 블록을 이어 붙여주세요. {속도 조절 🏃} 블록에는 '천천히', '보통', '빠르게'의 세 단계 선택이 있는데, 지금은 '보통' 단계를 사용할 것이니 바꾸지 않을 거예요.

다음으로 '이동' 카테고리의 {오른쪽으로 이동 ⇨} 블록을 붙이고 블록 숫자를 '10'으로 바꿔 주세요. 이제 「여우」는 누르면 오른쪽으로 이동할거예요.

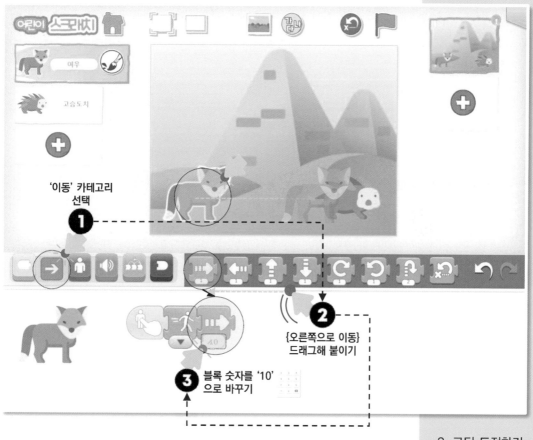

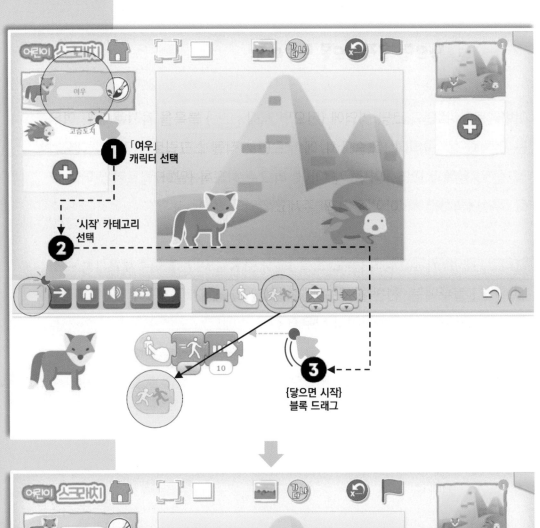

❶ 「여우」
캐릭터 선택

❷ '시작' 카테고리
선택

❸ {닿으면 시작}
블록 드래그

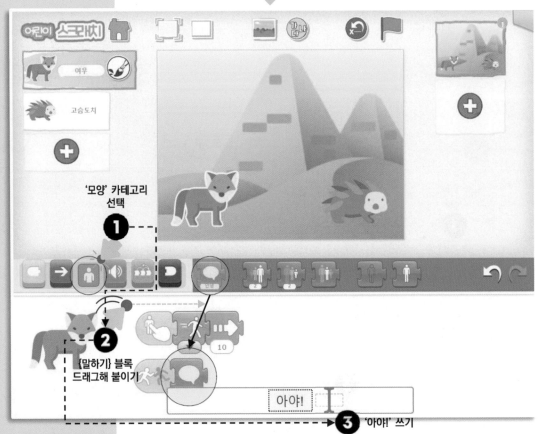

❶ '모양' 카테고리
선택

❷ {말하기} 블록
드래그해 붙이기

아야!

❸ '아야!' 쓰기

③ 닿으면 움직이도록 만들어요.

이번에는 「여우」의 코딩 영역에 {닿으면 시작 🏃 } 블록을 옮겨주세요. 여우가 오른쪽으로 움직여 「고슴도치」에 닿으면 시작될 스크립트를 만들 거예요. 「고슴도치」에 닿으면 「여우」가 '아야!'라고 말하도록 {말하기 💬 } 블록을 이어 붙이고 텍스트를 '아야'로 바꿔 주세요.

「여우」가 말한 후 빠르게 움직이도록 {속도 조절 🏃 } 블록을 사용할거예요. {속도 조절 🏃 } 블록을 붙이고 아래 화살표를 눌러 '빠르게'로 바꿔주세요.

속도 조절 블록은 한 캐릭터에 포함된 모든 스크립트의 실행 속도를 바꿔줘요.

스크립트의 기본 속도는 '보통'이에요. {속도 조절 🏃 } 블록으로 느리게 🚶 나 빠르게 🏃 를 고르면 캐릭터 내 스크립트들의 실행 속도가 느리거나 빠르게 바뀌어요.

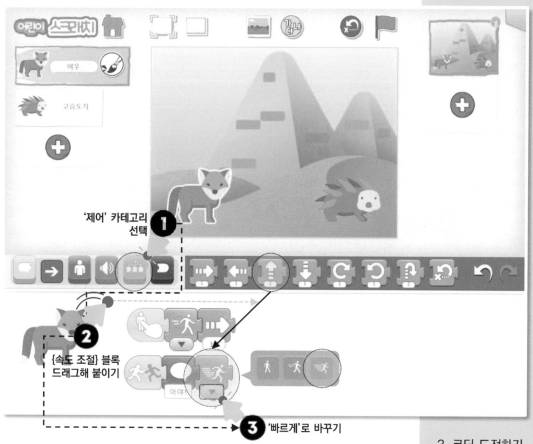

'제어' 카테고리 선택 **1**

{속도 조절} 블록 드래그해 붙이기 **2**

3 '빠르게'로 바꾸기

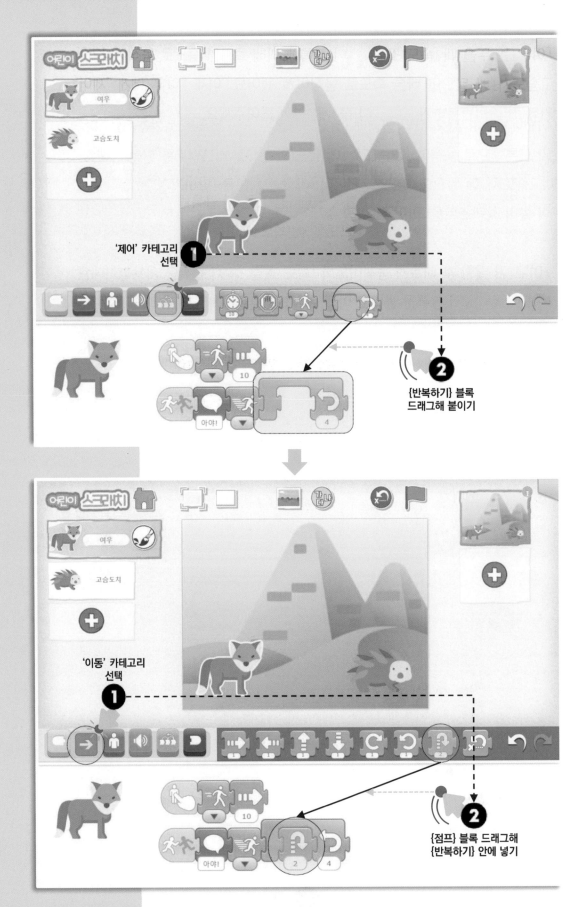

'제어' 카테고리
선택 **1**

2
{반복하기} 블록
드래그해 붙이기

'이동' 카테고리
선택 **1**

2
{점프} 블록 드래그해
{반복하기} 안에 넣기

「여우」는 누를 때 {속도 조절  } 블록에 의해 보통인 속도로 움직이다가「고슴도치」에 닿으면 빠른 속도로 움직이게 됐어요. 이제 「여우」에게 '제어' 카테고리의 {반복하기 } 블록을 이어 붙여주세요.

「여우」가 고슴도치에 닿아 아파하는 모습을 여러 번 점프하는 것으로 표현하려고 해요. {반복하기 } 블록 안에 {점프 } 블록을 넣어주세요. 이후에 「여우」가 제자리로 돌아오도록 {왼쪽으로 이동 } 블록을 붙여서 블록 숫자를 '10'으로 바꿔주세요.

반복하기 블록으로 여러 블록들을 원하는 만큼 반복해서 실행시킬 수 있어요.

{반복하기 } 블록은 같은 블록들을 여러 번 실행시켜야 할 때 유용해요. 안에 다른 블록들을 넣을 수 있고요. 블록 숫자만큼 반복 횟수를 바꿀 수 있어요.

드래그해서
블록 넣기

블록 숫자
바꾸기

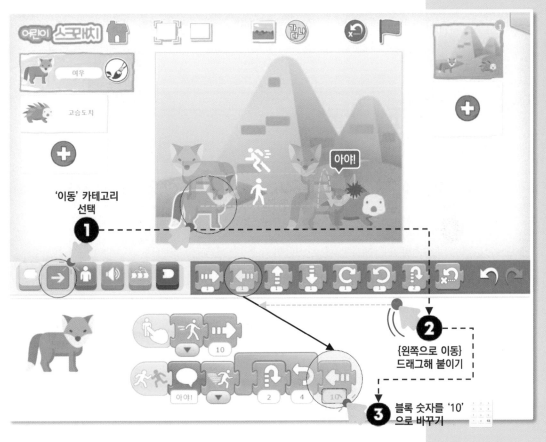

'이동' 카테고리
선택

1

2
{왼쪽으로 이동}
드래그해 붙이기

3 블록 숫자를 '10'
으로 바꾸기

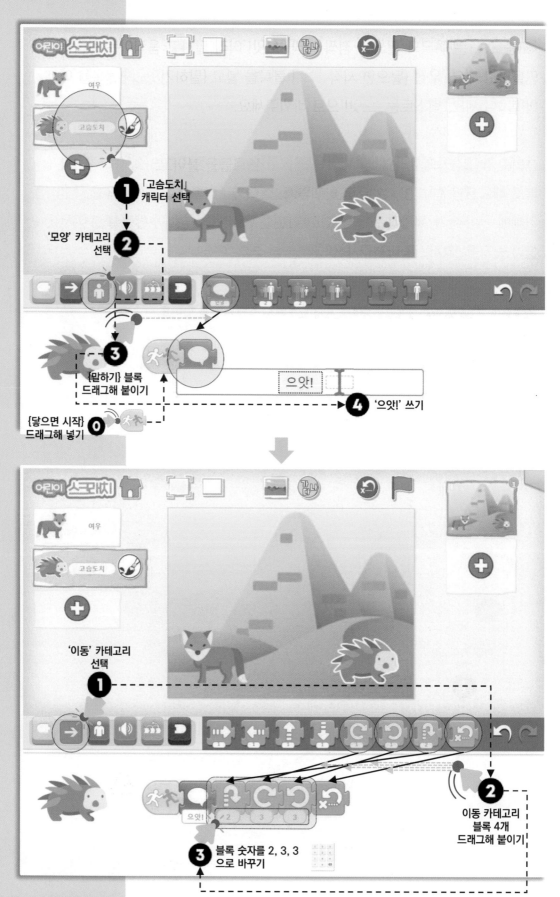

「고슴도치」는 여우와 닿으면 깜짝 놀라 '으앗!'이라 말하고 움직이는 모습을 만들려고 해요. 우선 {닿으면 시작 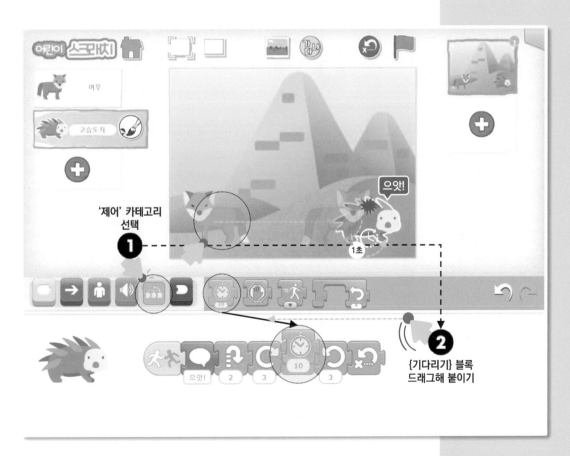 } 블록을 넣고 {말하기 🗨️} 블록을 이어 붙여주세요. 텍스트는 '으앗!'으로 바꿔주세요.

그리고 '이동' 카테고리의 블록들을 붙이고, 블록 숫자들을 '2', '3', '3'으로 바꿔주세요. 이제 「여우」를 눌러 보세요. 「고슴도치」는 「여우」가 움직여서 닿으면 말하고 넘어지는 듯한 모습을 하나요? 그런데 「고슴도치」가 앞으로 넘어지고 1초 뒤에 원래대로 돌아오면 좋을 것 같아요. 이와 같을 때는 {기다리기 ⏰} 블록을 이용해요. {기다리기 ⏰} 블록을 이용하면 스크립트 진행을 잠시 멈췄다가 다시 실행시킬 수 있어요.

기다리기 블록은 스크립트 진행을 잠시 멈추고 싶을 때 이용해요.

{기다리기 ⏰} 블록은 캐릭터의 스크립트 실행을 잠시 멈출 때 이용할 수 있어요. 주의할 점은 블록 숫자 '10'이 1초란 점이에요. 5초를 기다린다면 '50'을 써주세요.

'제어' 카테고리 선택

❶

{기다리기} 블록 드래그해 붙이기

❷

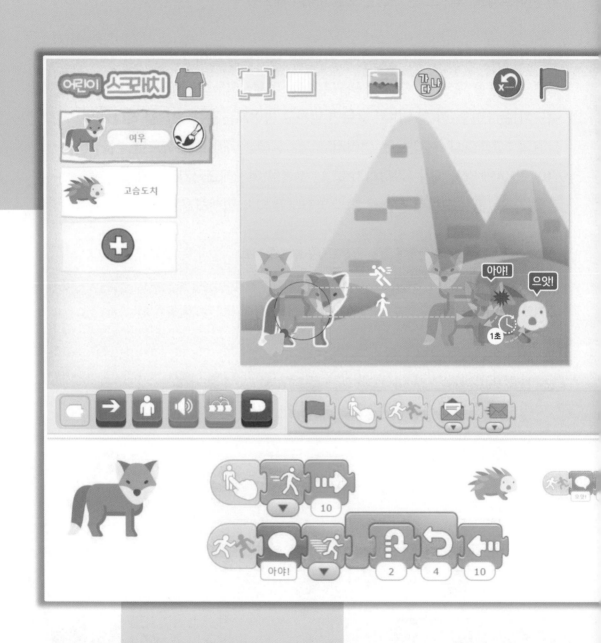

제어 카테고리 블록들을 사용한 작품을 만들어 보았어요.

제어 카테고리의 {반복하기 } 블록은 같은 움직임이 반복될 때 사용하면 블록의 숫자를 줄일 수 있어 편리하고 간결하게 코딩할 때 사용돼요. {속도 조절 } 블록과 {기다리기 } 블록은 여러 캐릭터들 간의 속도 차이를 내거나 타이밍을 맞출 때 활용할 수 있어요.

학부모님 읽어주세요!

이번 시간에 나온 제어 블록 중에서 가장 중요한 것은 {반복하기}
블록입니다. 실제 프로그래밍에서도 반복 구문은 효율적인
작업과 직관성을 높인다는 점에서 중요하게 다루어집니다. 같은
동작을 하는 코드라도 {반복하기} 블록을 잘 활용해서 효율적인
코드를 작성할 수 있도록 지도가 필요합니다.

{속도 조절} 블록은 작품을 역동적으로 만들고 {기다리기}
블록은 타이밍을 맞추는데 도움이 됩니다. 다만, 불가피한
상황을 제외하고는 코드의 가독성을 떨어뜨리거나 인위적인
시간 조작이 들어가므로 많은 사용이 필요하지는 않습니다.

작품 QR 코드

{메시지 보내기} 블록을 이용하여 뒷이야기를 만들어 봐요!

깜짝 놀라 돌아간 「여우」가 「고슴도치」에게 {메시지 보내기 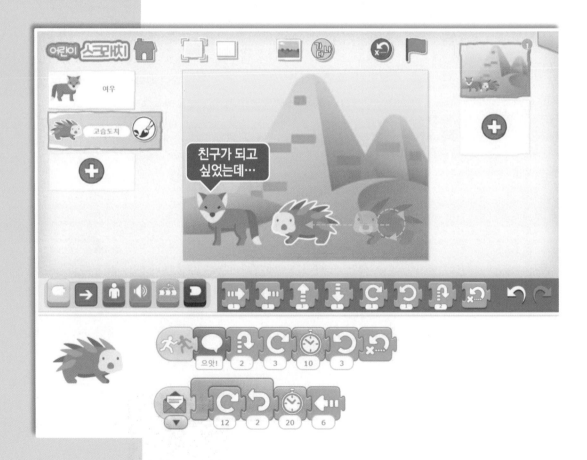 } 블록으로 메시지를 보낸 후 아쉬움을 표현하는 말을 하게 해주세요.

메시지를 받은 「고슴도치」는 {반복하기 } 블록으로 2번 돌면서 고민중인 것 같은 상황을 만들어요. 고민이 끝난 2초 뒤에는 「여우」 가까이 가도록 해주세요. 여러 스크립트들이 어떤 순서로 진행되는지 살펴봤나요?

친구가 되고 싶었는데...

보트는 여행을 떠나고 싶어해요.

보트가 다양한 장소를 여행할 수 있도록

여러 페이지를 만들어 코딩해 봐요.

3.10 종료 블록과 페이지

- 종료 카테고리의 블록들을 이용해 봅니다.
- 페이지를 넣고 다음 페이지로 넘어가는 방법을 알아 봅니다.

무한 반복하기 블록
스크립트를 계속 반복해서 실행해요.

페이지로 이동 블록
프로젝트 안의 선택한 페이지로 이동해요

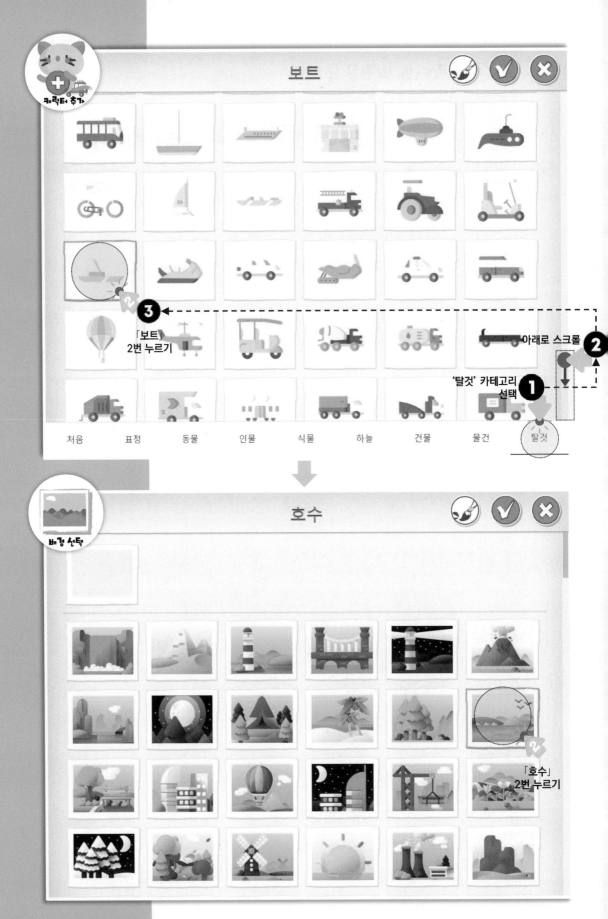

보트

캐릭터 추가

3 「보트」
2번 누르기

아래로 스크롤 2

'탈것' 카테고리
선택 1

처음 표정 동물 인물 식물 하늘 건물 물건 탈것

호수

배경 선택

「호수」
2번 누르기

① 캐릭터와 배경을 넣어요.

이번 작품은 페이지 기능을 이용해서 「보트」가 여러 배경을 돌아다니며 여행하는 상황을 만들어 보려고 해요. '탈것' 카테고리에서 「보트」를 찾아 추가해 주세요.

배경은 배경 선택 화면에서 「호수」를 선택해 주세요.

무대에서 「보트」를 화면 왼쪽으로 드래그하고, {녹색 깃발에서 시작 } 블록과 '모양' 카테고리의 {말하기 } 블록을 추가해주세요. {말하기 } 블록의 텍스트를 '여행을 떠나자!'라고 바꿔주세요.

설레는 여행을
지금부터 시작해요!

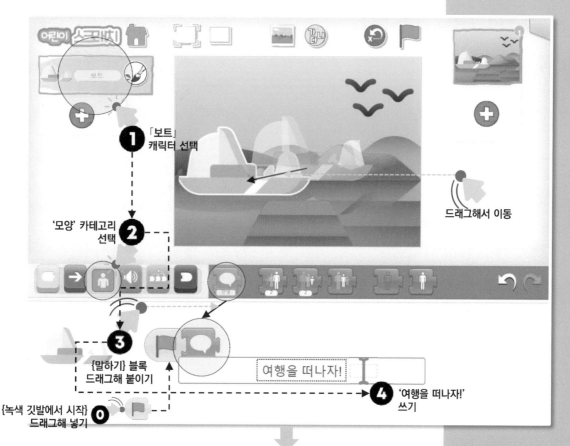

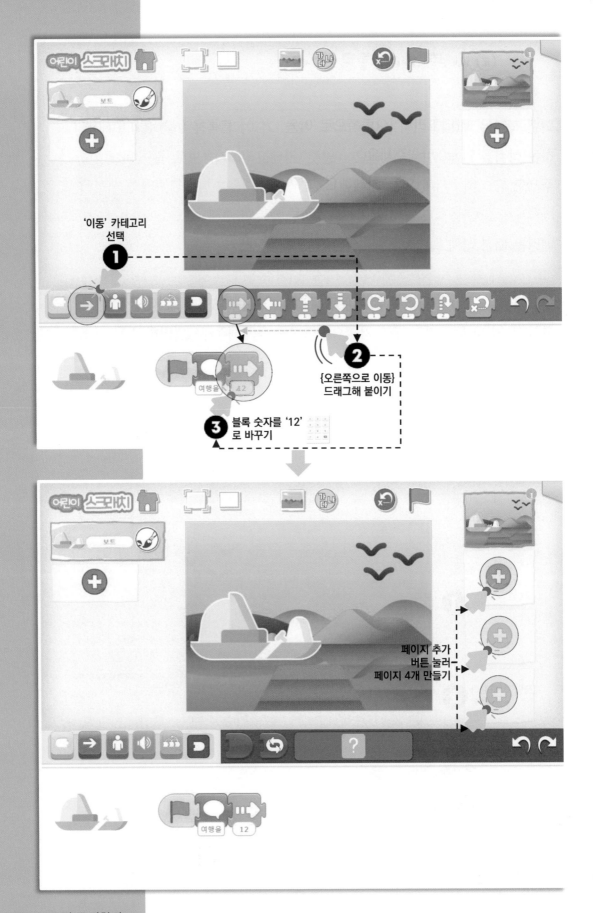

'이동' 카테고리
선택

❶

❷ {오른쪽으로 이동}
드래그해 붙이기

❸ 블록 숫자를 '12'
로 바꾸기

페이지 추가
버튼 눌러
페이지 4개 만들기

② 새로운 페이지를 만들어요.

그리고 '이동' 카테고리의 {오른쪽으로 이동 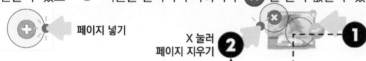 } 블록을 이어 붙여주세요. 블록 숫자는 '12'로 바꿔주세요.

이제 새로운 페이지를 만들 차례예요. 화면 오른쪽 페이지 영역에서 페이지 추가 ⊕ 버튼을 3번 눌러 페이지를 4개로 만들어 주세요.

페이지 영역을 보면 새로운 페이지들이 생겼죠? '종료' 카테고리에 {페이지로 이동 🔲 } 블록도 보이게 됐어요! 페이지 들에서 「냥이」를 모두 없애 주세요.

페이지는 한 프로젝트에서 4개까지 만들 수 있어요.

각각의 페이지에는 서로 다른 배경과 캐릭터들을 넣을 수 있어요. 총 4개까지 만들 수 있고 ⊕ 버튼을 눌러서 추가하거나 ✖ 를 눌러 없앨 수 있어요.

페이지 넣기

X 눌러
페이지 지우기 ② ① 길게 누르기

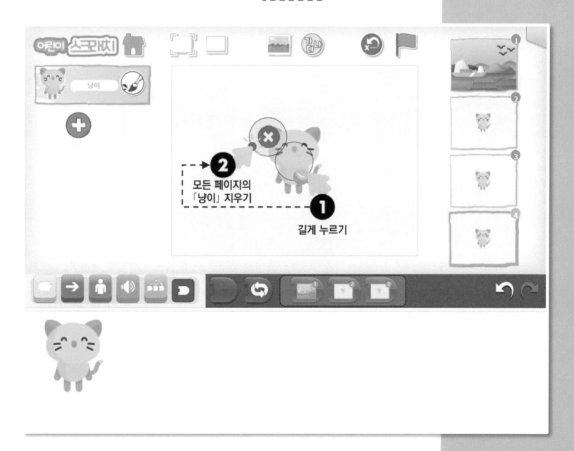

모든 페이지의
「냥이」 지우기 ②

① 길게 누르기

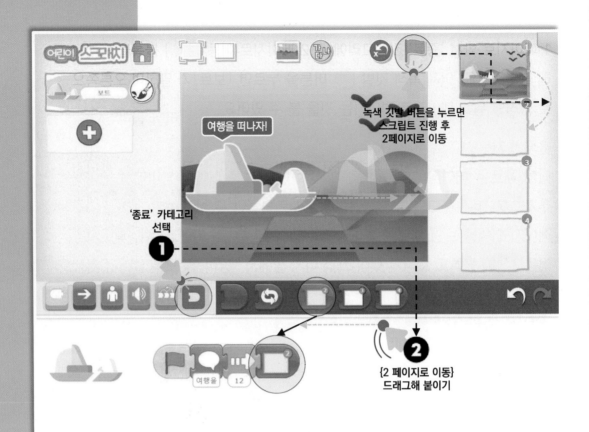

'종료' 카테고리
선택

1

여행을 떠나자!

녹색 깃발 버튼을 누르면
스크립트 진행 후
2페이지로 이동

2

{2 페이지로 이동}
드래그해 붙이기

여행을 12

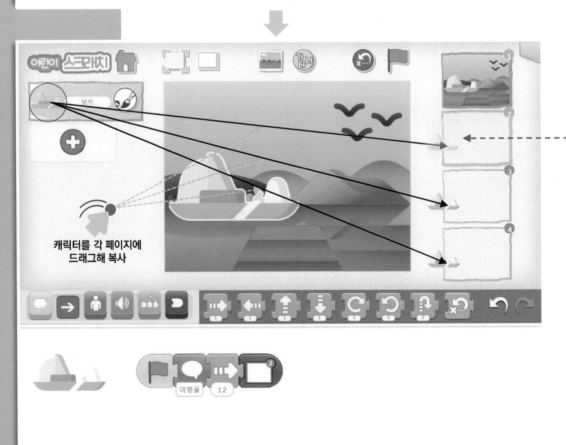

캐릭터를 각 페이지에
드래그해 복사

여행을 12

1 페이지로 와서 '종료' 카테고리에서 {2 페이지로 이동  } 블록을 드래그
해 붙여주세요. 이제 녹색 깃발 🚩 버튼을 누르면「보트」가 말하며 오른쪽으
로 움직인 뒤 2 페이지로 넘어가는 것을 볼 수 있어요.

이번 작품에는 모두「보트」가 말하고 움직이는 상황이 들어가요. 모든 페이지
에「보트」를 넣고 스크립트를 비슷하게 만드는 것은 조금 귀찮죠? 이 때 캐릭
터 복사 기능을 이용할 수 있어요! 1 페이지의「보트」캐릭터 그림을 2, 3, 4
페이지로 드래그 하면 캐릭터와 포함된 스크립트가 모두 복사가 돼요.

2 페이지로 가면 빈 배경에「보트」가 있는 것을 확인할 수 있어요.

한 페이지의 캐릭터를 다른 페이지로 복사할 수 있어요.

캐릭터 영역의 캐릭터 그림을 드래그해 다른 페이지로 옮기면 캐릭터가 복사
돼요. 캐릭터의 위치와 스크립트도 모두 복사되니 번거로움이 줄어들 거예요.

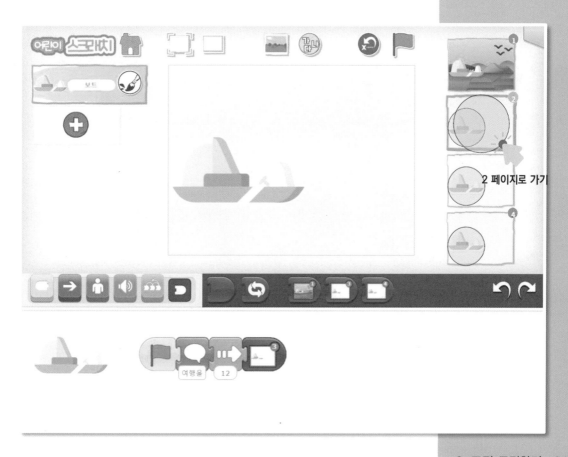

호수

배경 선택

「호수」
2번 누르기

어린이 스크래치

보트

드래그해서 이동

{3 페이지로 이동}
블록인지 확인

여행을   12

2 페이지의 배경은 배경 선택 화면에서 「호수」를 선택해주세요.

무대에서 「보트」의 위치를 「호수」의 물 위에 오도록 드래그해 옮겨주세요.

그리고 1 페이지에서 복사한 「보트」의 스크립트에서 마지막 블록이 {3 페이지로 이동 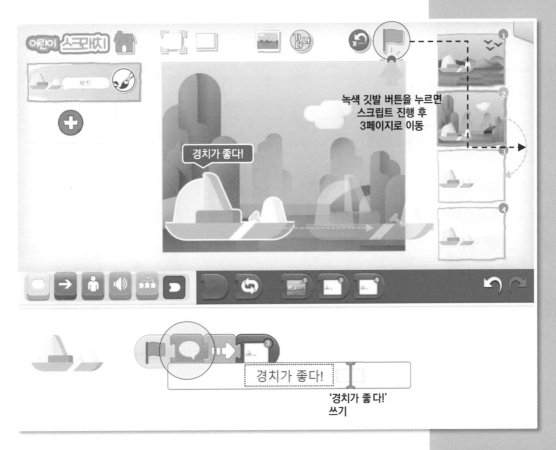 }인지 확인해 주세요. 지금 2 페이지인데 2 페이지로 이동할 수는 없으니 블록이 {3 페이지로 이동 }으로 바뀌었을 거예요.

{말하기 } 블록의 텍스트는 '경치가 좋다!'로 바꿔주세요.

이제 녹색 깃발 🚩 버튼을 누르면 「보트」의 스크립트가 실행된 뒤 3 페이지로 넘어가는 것을 확인할 수 있을 거예요.

캐릭터를 복사할 때 {페이지로 이동} 블록의 페이지 숫자에 주의하세요!

캐릭터를 복사하면 스크립트에 포함된 {페이지로 이동 } 블록의 페이지가 바뀌는 경우가 있어요. 잘못하면 2개 페이지가 반복해서 왔다갔다하는 경우가 있으니 페이지 숫자에 주의해서 사용해주세요.

녹색 깃발 버튼을 누르면
스크립트 진행 후
3페이지로 이동

경치가 좋다!

'경치가 좋다!'
쓰기

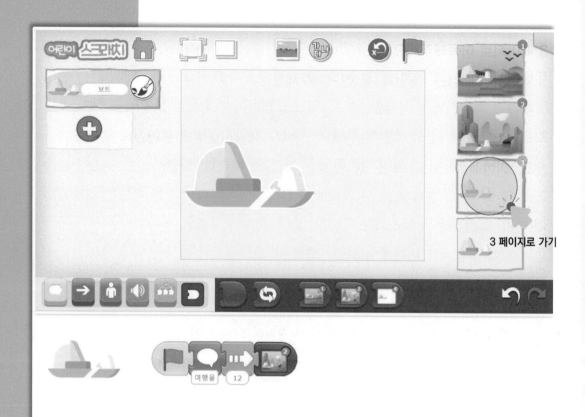

3 페이지로 가기

돛단배

배경 선택

「돛단배」
2번 누르기

3 페이지로 이동해주세요.

3 페이지의 배경은「돛단배」를 선택해주세요.

무대에서「보트」의 위치를「돛단배」의 왼쪽 아래에 오도록 드래그해 옮겨주세요. 이번에는「보트」의 스크립트에 소리를 추가하려고 해요. '소리' 카테고리의 {또잉 🔊} 블록을 {녹색 깃발에서 시작 🚩} 블록의 뒤에 드래그해 끼워 넣어 주세요.

스크립트 사이에 블록을 더하려면 드래그해 넣기, 빼려면 떨어뜨려 버리기를 이용해요.

스크립트에 블록을 더하려면 새로운 블록을 드래그해 끼워 넣어요. 블록을 없애려면 앞뒤 블록들을 떼어 놓고 필요 없는 블록을 없앤 뒤 다시 붙여요.

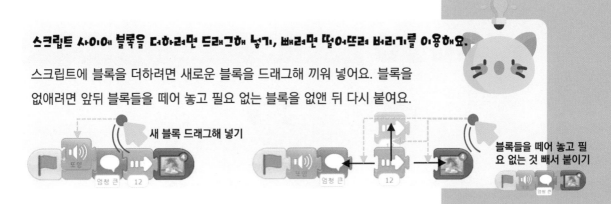

새 블록 드래그해 넣기

블록들을 떼어 놓고 필요 없는 것 빼서 붙이기

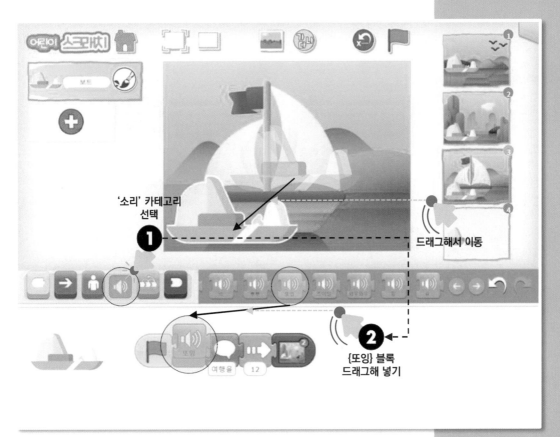

'소리' 카테고리 선택

1

드래그해서 이동

2

{또잉} 블록 드래그해 넣기

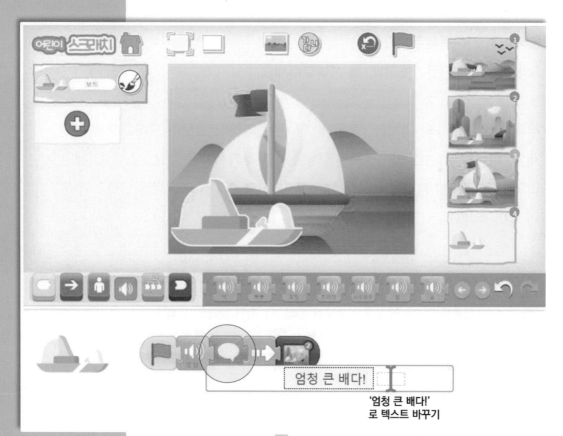

엄청 큰 배다!

'엄청 큰 배다!'
로 텍스트 바꾸기

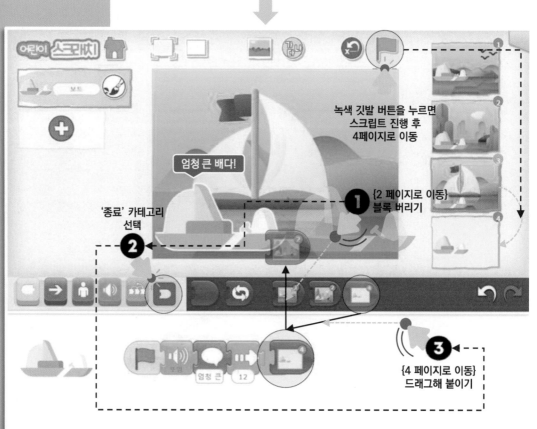

녹색 깃발 버튼을 누르면
스크립트 진행 후
4페이지로 이동

엄청 큰 배다!

1 {2 페이지로 이동}
블록 버리기

'종료' 카테고리
선택
2

3 {4 페이지로 이동}
드래그해 붙이기

텍스트 블록의 텍스트를 '엄청 큰 배다!'로 바꿔주세요.

{2 페이지로 이동  } 블록은 없애고 '종료' 카테고리에 있는 {4 페이지로 이동 🔲 } 블록을 붙여주세요.

이제 녹색 깃발 🚩 버튼을 누르면 「보트」의 스크립트가 진행된 뒤 4 페이지로 넘어갈 거예요. 이 때 4 페이지에 있는 복사된 「보트」의 스크립트 때문에 다시 2 페이지로 넘어갈 수 있으니 중간에 실행중인 녹색 깃발 ⬡ 을 눌러 스크립트 실행을 중지시켜 주세요.

이제 마지막 페이지인 4 페이지로 이동해주세요.

째나 많은 곳을
여행했는걸?

「섬」
2번 누르기

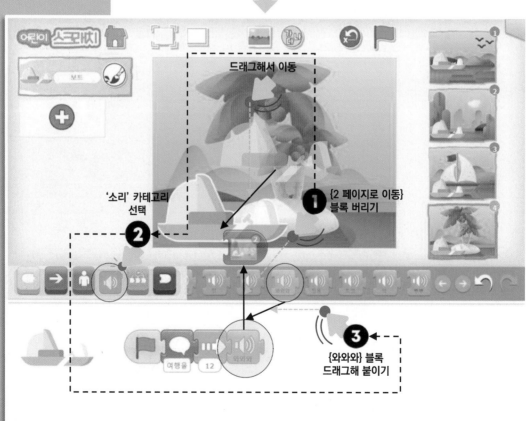

드래그해서 이동

'소리' 카테고리
선택

❷

❶ {2 페이지로 이동}
블록 버리기

❸ {와와와} 블록
드래그해 붙이기

4 페이지의 배경은「섬」을 선택해주세요.

무대의「보트」를「섬」왼쪽 아래의 바다 위에 오도록 드래그해 옮겨주세요. {2 페이지로 이동 } 블록을 없애고, 그 자리에 '소리' 카테고리의 {와와 와 } 블록을 붙여주세요.

「보트」의 스크립트 끝에는 '종료' 카테고리의 {종료 } 블록을 드래그해 붙여주세요.

종료 블록은 스크립트의 끝을 나타낼 뿐 아무 기능도 하지 않아요.

{종료 } 블록은 '종료' 카테고리에 있는 블록으로 다른 '종료' 카테고리의 블록과 마찬가지로 블록의 오른쪽에 다른 블록을 붙일 수 없어요. 그리고 {종료 } 블록은 아무 표시도 되어 있지 않은데 그 이유는 {종료 }가 아무 기능도 하지 않기 때문이에요. 단순히 스크립트의 끝을 의미할 뿐이에요.

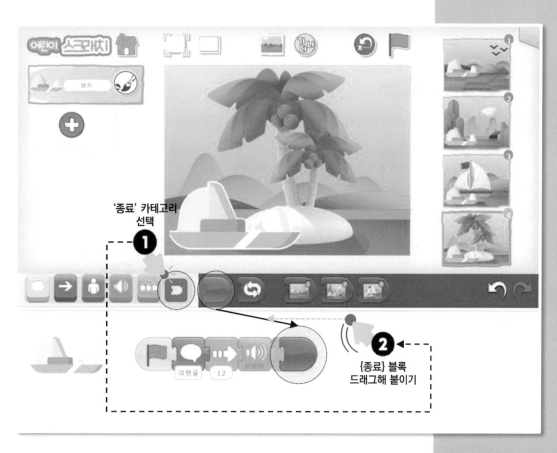

'종료' 카테고리 선택 ❶

{종료} 블록 드래그해 붙이기 ❷

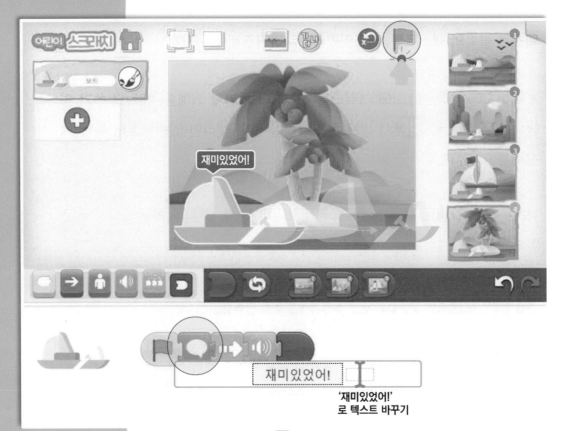

'재미있었어!'
로 텍스트 바꾸기

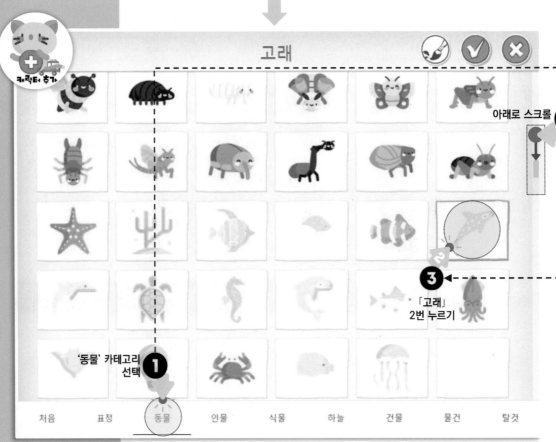

아래로 스크롤

「고래」
2번 누르기

'동물' 카테고리
선택

처음   표정   동물   인물   식물   하늘   건물   물건   탈것

텍스트 블록의 텍스트를 '재미있었어!'로 바꿔주세요.

4 페이지에는「보트」외에 캐릭터를 한 개 더 추가할 거예요. 캐릭터 추가 화면의 '동물' 카테고리에서 밑으로 스크롤을 많이 내리면 있는「고래」를 선택해주세요.

「고래」는 무대의 왼쪽 아래에 있는「보트」와 겹치도록 놓아주세요.

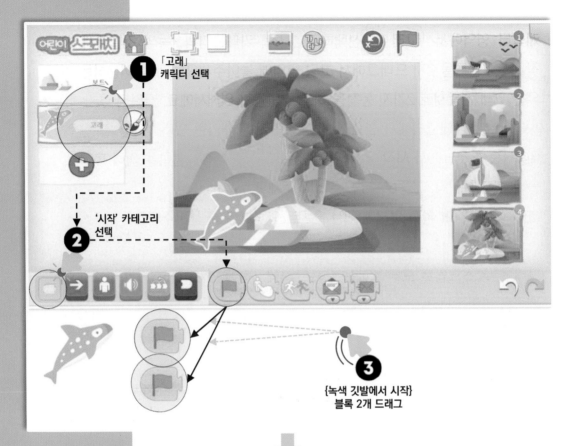

「고래」 캐릭터 선택

1

'시작' 카테고리
선택

2

{녹색 깃발에서 시작}
블록 2개 드래그

3

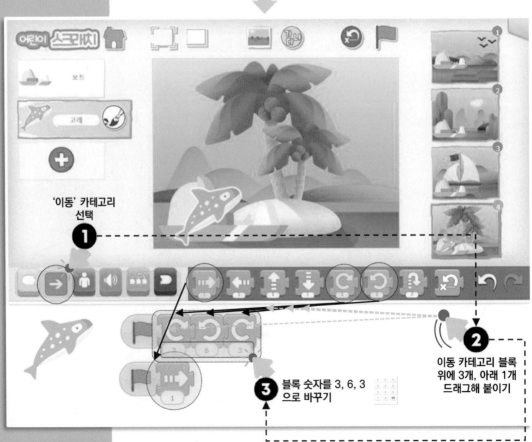

'이동' 카테고리
선택

1

이동 카테고리 블록
위에 3개, 아래 1개
드래그해 붙이기

2

블록 숫자를 3, 6, 3
으로 바꾸기

3

캐릭터 영역에서 「고래」를 선택하고 '시작' 카테고리의 {녹색 깃발에서 시작 } 블록을 2개 드래그해서 코딩 영역에 놓아주세요. 2개를 이용하는 이유는 고래가 동시에 2가지 동작을 하도록 만들기 위해서예요.

위쪽 {녹색 깃발에서 시작 } 블록에는 블록을 이어 붙이고, 블록 숫자를 각각 '3', '6', '3'으로 바꿔주세요.
아래쪽 {녹색 깃발에서 시작 } 블록에는 블록을 이어 붙여주세요.

그리고 두 스크립트 모두 끝에는 '종료' 카테고리에 있는 {무한 반복하기 } 블록을 붙여주세요.

무한 반복하기 블록은 스크립트를 끊임없이 반복해서 실행시켜 줘요.

{반복하기 } 블록은 블록 숫자만큼 안에 있는 블록들을 반복 실행하지만 {무한 반복하기 } 블록은 한 스크립트 전체를 계속 반복해서 실행해 줘요.

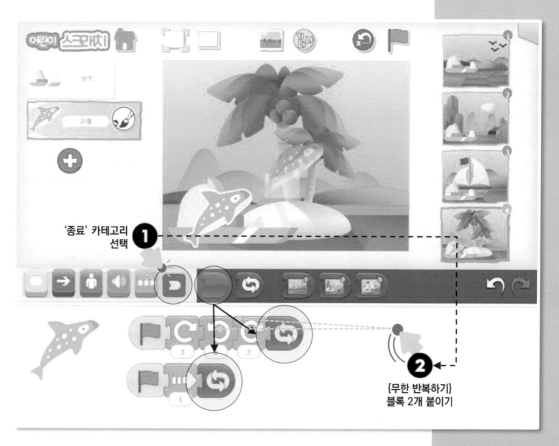

'종료' 카테고리 선택 **1**

2

{무한 반복하기}
블록 2개 붙이기

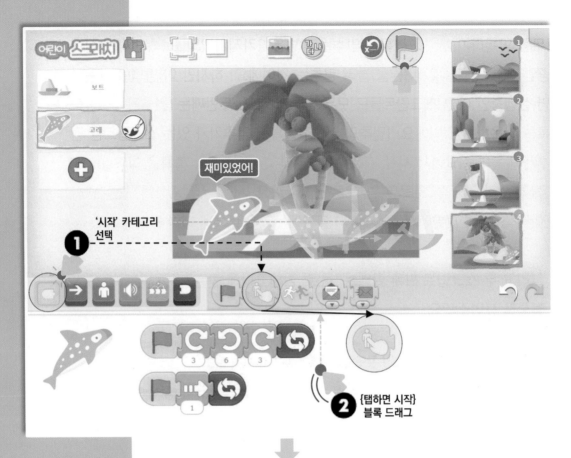

'시작' 카테고리 선택 **1**

2 {탭하면 시작} 블록 드래그

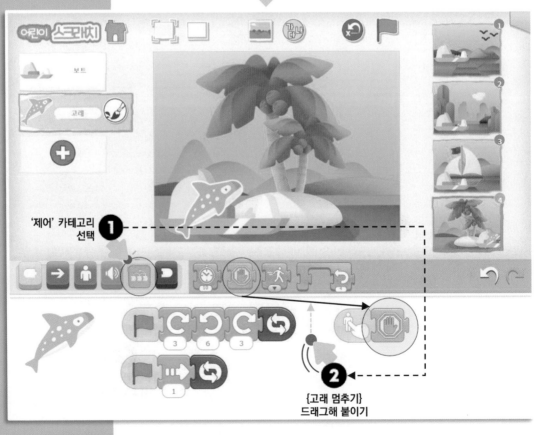

'제어' 카테고리 선택 **1**

2 {고래 멈추기} 드래그해 붙이기

{무한 반복하기 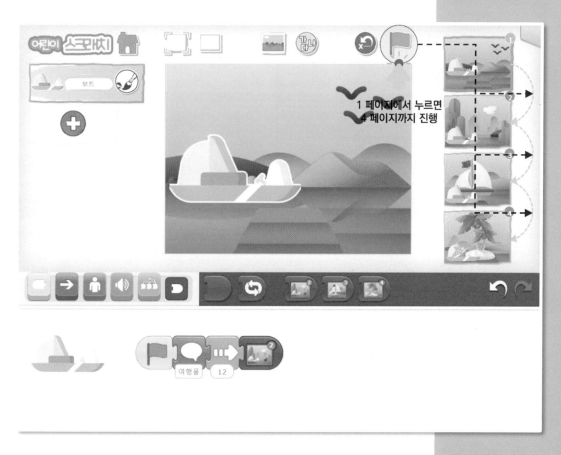 } 블록을 멈추는 방법은 2가지가 있어요. 첫번째는 실행 중인 녹색 깃발 버튼을 눌러 멈추는 것이에요. 하지만 이 방법을 사용하면 실행중인 다른 스크립트들도 모두 멈추게 돼요. 두번째는 {멈추기 } 블록을 이용하는 것이에요. {멈추기 } 블록은 멈추기가 있는 스크립트만 멈추게 만들어 줘요.

움직이는「고래」를 누르면 멈추게 만들기 위해 '시작' 카테고리에 있는 {탭하면 시작 } 블록을 코딩 영역에 옮겨주세요.

그리고 '제어' 카테고리에 있는 {고래 멈추기 } 블록을 이어 붙여주세요. {멈추기 } 블록 앞에는 캐릭터의 이름이 붙게 돼요.

이제 모든 페이지와 스크립트가 완성됐어요! 1 페이지를 선택하고 녹색 깃발 버튼 을 누르면 스크립트가 진행되면서 2, 3, 4 페이지로 넘어가요. 4 페이지에서「고래」가 계속 움직이는데, 무대의「고래」를 누르면 멈추게 돼요.

페이지를 만들고 종료 카테고리의 블록들을 이용해 보았어요.

페이지는 총 4개까지 만들 수 있어요. {페이지로 이동 ⬜} 블록은 페이지가 1개 보다 더 많아야 사용할 수 있고, {녹색 깃발에서 시작 🚩} 블록을 이용해서 여러 페이지가 연결되는 작품을 만들 수 있다는 것을 기억해주세요. {무한 반복하기 🔄}로 캐릭터를 계속 움직이도록 할 수 있다는 것 도요.

학부모님 읽어주세요!

페이지는 별개의 캐릭터와 배경으로 이루어진 작품들을 연결할 수 있다는 점에서 한단계 수준 높은 작품을 만드는데 도움을 줍니다. 다만 제작에 많은 시간과 노력이 소모되므로, 작품의 제작 효율을 높이기 위해서는 캐릭터와 캐릭터에 포함된 블록 코드를 재활용할 수 있어야 합니다. 학생들이 캐릭터 복사 기능을 이용하고 복사한 캐릭터의 코드를 변경해서 사용하며 효율적으로 작품을 제작할 수 있도록 안내 부탁드립니다.

{무한 반복하기} 블록은 제한 없이 스크립트를 반복해서 실행시킬 수 있어 재미있는 효과를 만들 수 있습니다. 다만, 빈번하게 사용하면 무대가 산만해지고 스크립트 간의 관계를 파악하기 어렵다는 점에서 제한적으로 사용하는 것이 좋습니다.

작품 QR 코드

닿으면 시작 블록을 포함한 스크립트가 있는 캐릭터를 추가해 봐요!

모든 페이지에 「놀란 냥이」 캐릭터를 추가하여 「보트」에 닿으면 하늘로 돌면서 날아가도록 만들어봐요.

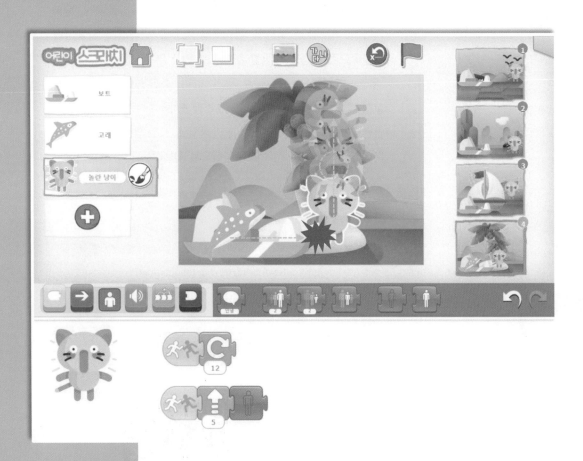

첫번째 페이지에 「놀란 냥이」를 넣고 2개의 {닿으면 시작 🏃} 블록을 이용한 스크립트를 만들어요. 그리고 각 페이지에 복사해서 위치를 맞추면 쉽게 재미있는 내용을 추가할 수 있어요. 캐릭터 복사 가능을 활용해 봐요.

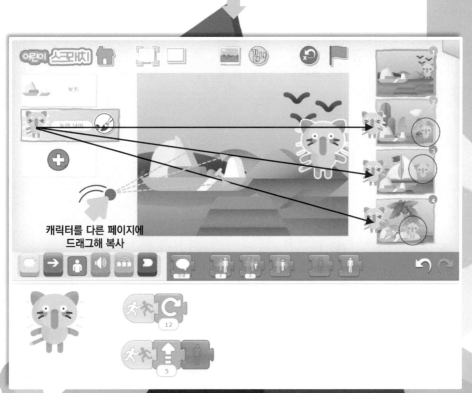

캐릭터를 다른 페이지에
드래그해 복사

나무에 사과가 열렸어요!

사과를 좋아하는 냥이는 사과 나무 아래에 앉아

사과를 먹고 싶어하네요.

사과 캐릭터를 그리고

이미 있는 캐릭터와 배경을 수정해 봐요.

3. 기타 그림 그리기

- 새로운 캐릭터를 그리는 방법을 알아봅니다.
- 캐릭터나 배경을 수정하는 방법을 알아봅니다.

그림 편집기 버튼
그림 편집기 화면으로 이동합니다.

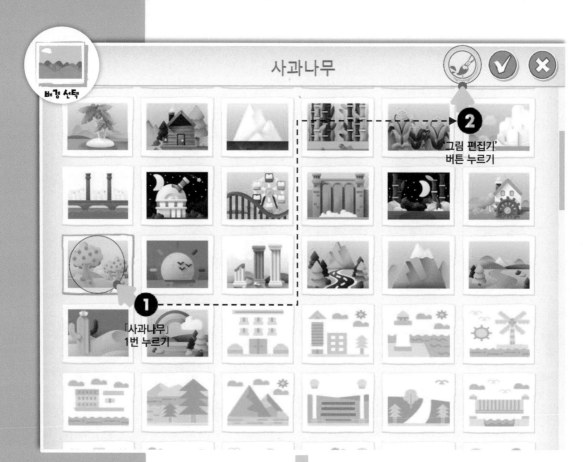

배경 선택

② '그림 편집기' 버튼 누르기

① 「사과나무」 1번 누르기

'채우기' 버튼 누르기

① 배경에서 색을 바꿔 칠해요.

이번 시간에는 이미 만들어져 있는 캐릭터와 배경을 그대로 사용하지 않고, 새로운 것을 만들거나 있는 것을 수정해보려고 해요.

우선 배경을 조금 바꿔봐요. 배경 선택 화면에서 「사과나무」를 1번 누르고요. 그림 편집기 버튼을 눌러주세요.

그림 편집기에는 내가 선택한 그림이 나오고, 주변에 여러가지 버튼들이 보일 거예요. 이번에는 배경에 있는 몇가지 색을 바꿀 것이니 채우기 버튼을 눌러주세요.

그리고 화면 밑에 있는 색 팔레트에서 색을 선택하고, 바꾸기를 원하는 곳을 눌러주세요. 하늘과 2개의 산 색을 아래의 그림과 같이 바꿔봐요.

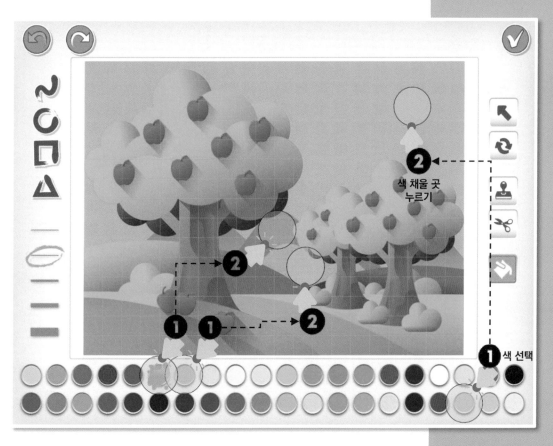

색 채울 곳 누르기

색 선택

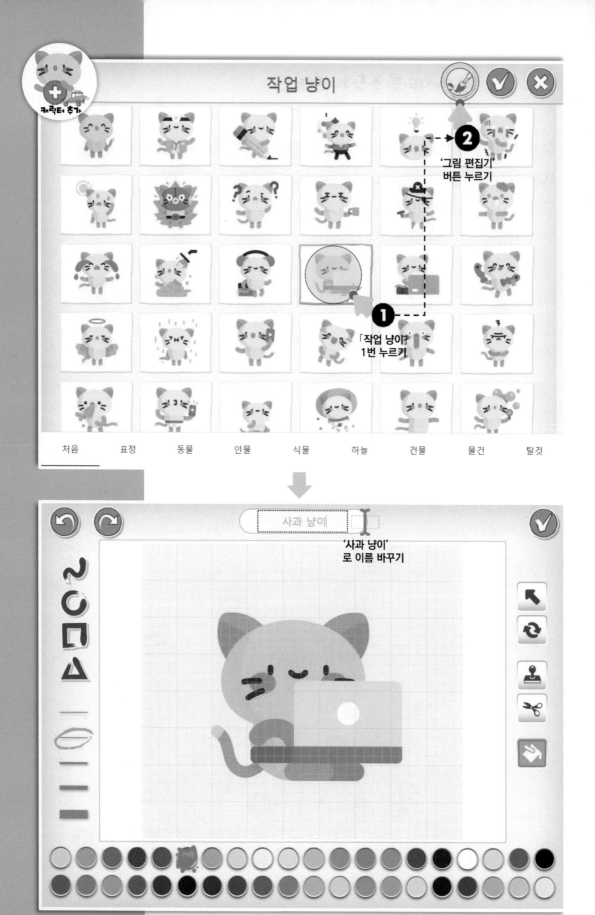

작업 냥이

'그림 편집기'
버튼 누르기

「작업 냥이」
1번 누르기

처음 표정 동물 인물 식물 하늘 건물 물건 탈것

사과 냥이

'사과 냥이'
로 이름 바꾸기

② 캐릭터를 수정해 봐요.

다음으로는 이미 있는 캐릭터의 그림을 조금 바꿔 볼게요. 캐릭터 추가 화면에서 「작업 냥이」를 누르고 그림 편집기 🖌 버튼을 눌러주세요.
그리고 그림 편집기 화면 위의 이름을 눌러 「사과 냥이」로 바꿔주세요.

그 다음 잘라내기 ✂ 버튼을 누르고 아래 그림과 같이 3곳을 눌러 없애 주세요. 「사과 냥이」의 '팔'에 보이지 않는 투명 부분은 꼭 한번만 눌러줘야 해요.

태블릿이나 스마트폰에서 이름 바꾸기가 안된다면 이렇게 해 봐요!

태블릿 또는 스마트폰에서 캐릭터의 이름을 눌러도 키보드가 보이지 않을 때가 있어요. 이 때 이름을 살짝 옆으로 드래그 하듯 길게 누르면 키보드가 나타나요.

사과 냥이 ◄----- 살짝 드래그 하듯
길게 누르기

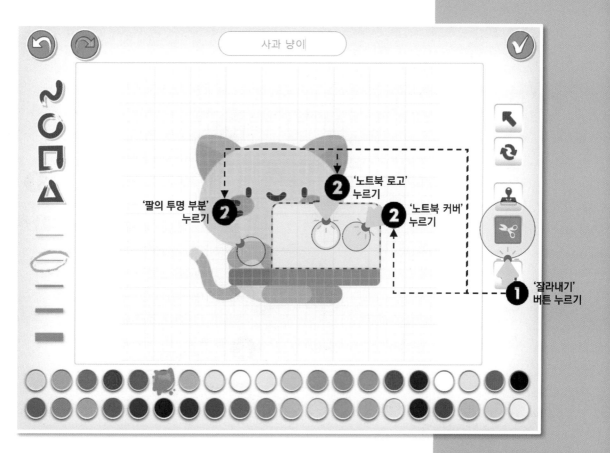

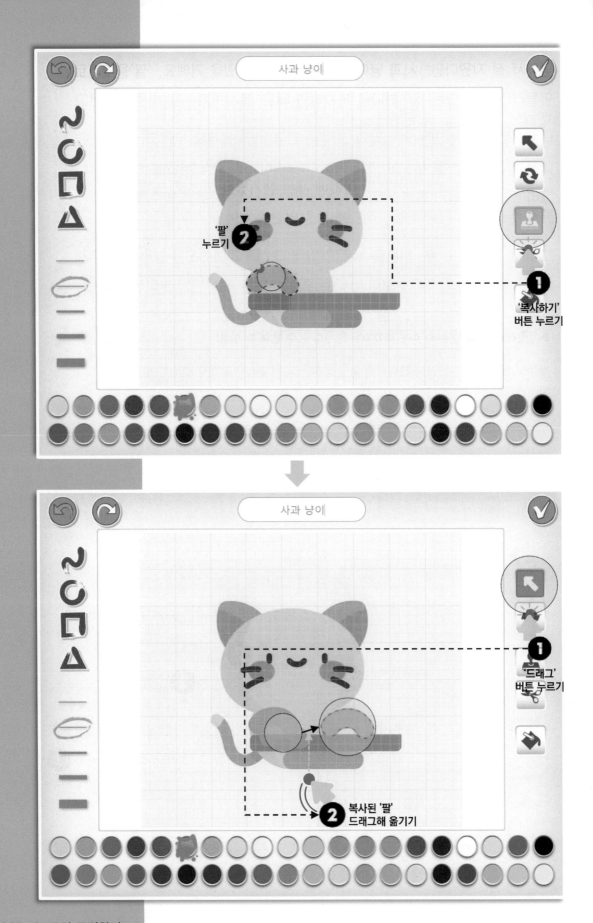

사과 냥이

'팔'
누르기 ❷

❶ '복사하기'
버튼 누르기

사과 냥이

❶ '드래그'
버튼 누르기

❷ 복사된 '팔'
드래그해 옮기기

앞에서 잘 지웠다면 「사과 냥이」는 '팔'이 하나만 있을 거예요. '팔'을 2개로 만들려면 지금 있는 '팔' 하나를 복사하면 돼요. 복사하기  버튼을 누르고 「사과 냥이」의 '팔'을 눌러 봐요.

새로운 '팔'이 원래 있던 '팔'의 아래에 새로 생겨났을 거예요. 드래그 🔨 버튼을 누르고 복사된 '팔'을 드래그해서 적당한 위치에 옮겨주세요.

이번에는 '사과'를 그릴 거예요. 원 ◯ 버튼을 누르고 중간 크기의 선 굵기와 빨간색을 선택한 뒤 드래그 하듯 동그랗게 원을 그려주세요.

그림을 편집할 때 이전에 한 행동을 되돌릴 수 있어요.

그림 편집기 왼쪽 위에는 실행 취소 ↶ 버튼과 다시 실행 ↷ 버튼이 있어요. 그림을 그리다가 실수를 해도 실행 취소 ↶ 버튼으로 이전으로 되돌릴 수 있고, 다시 실행 ↷ 버튼으로 다시 실행할 수 있어요.

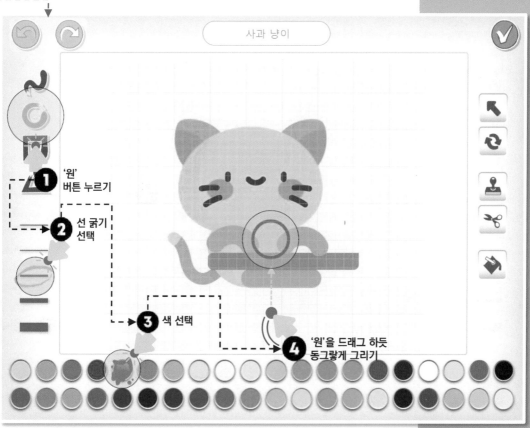

① '원' 버튼 누르기
② 선 굵기 선택
③ 색 선택
④ '원'을 드래그 하듯 동그랗게 그리기

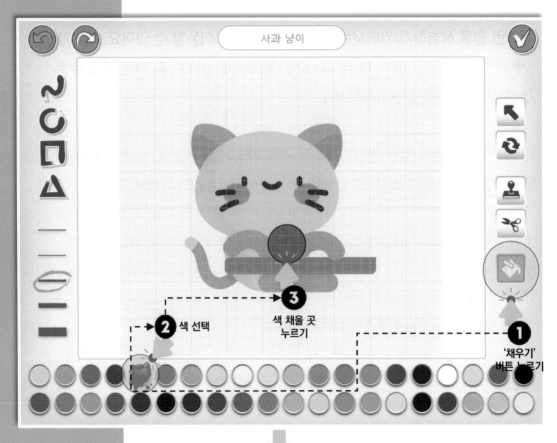

② 색 선택

③ 색 채울 곳
누르기

① '채우기'
버튼 누르기

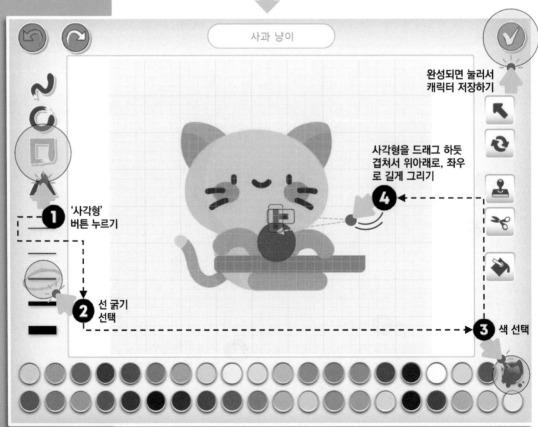

완성되면 눌러서
캐릭터 저장하기

사각형을 드래그 하듯
겹쳐서 위아래로, 좌우
로 길게 그리기

④

① '사각형'
버튼 누르기

② 선 굵기
선택

③ 색 선택

동그란 원을 색칠하기 위해서는 채우기 🪣 버튼을 이용할 수 있어요. 채우기 🪣 버튼을 누르고 원의 테두리와 같은 빨간색을 선택한 뒤 원 안쪽을 누르면 빨간색으로 원 안쪽이 칠해져요.

그림 편집기에는 따로 직선을 그을 수 있는 방법이 없어요. 선 〰 버튼을 이용해 선을 그을 수는 있지만, 직선을 긋기는 쉽지 않아요. 따라서 직선을 긋고 싶을 때에는 사각형 🔲 버튼을 이용하여 사각형을 가로 또는 세로로 겹쳐서 직선으로 만들 수 있어요.

여기에서는 사각형 🔲 버튼을 이용해서 중간 굵기의 검은색 사각형 2개를 만들 거예요. 하나는 가로로 길고, 다른 하나는 세로로 길게 해서 **빨간 원** 위에 그려주세요.

그림이 완성되고 체크 ✅ 버튼을 누르면 무대에 「사과 냥이」가 나타나요. 「사과 냥이」를 화면의 왼쪽 아래로 옮겨주세요.

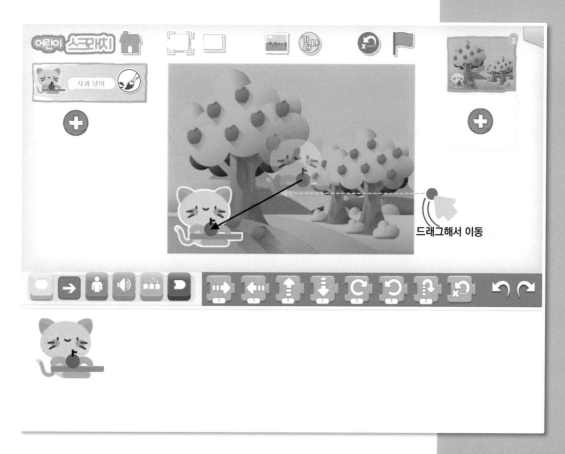

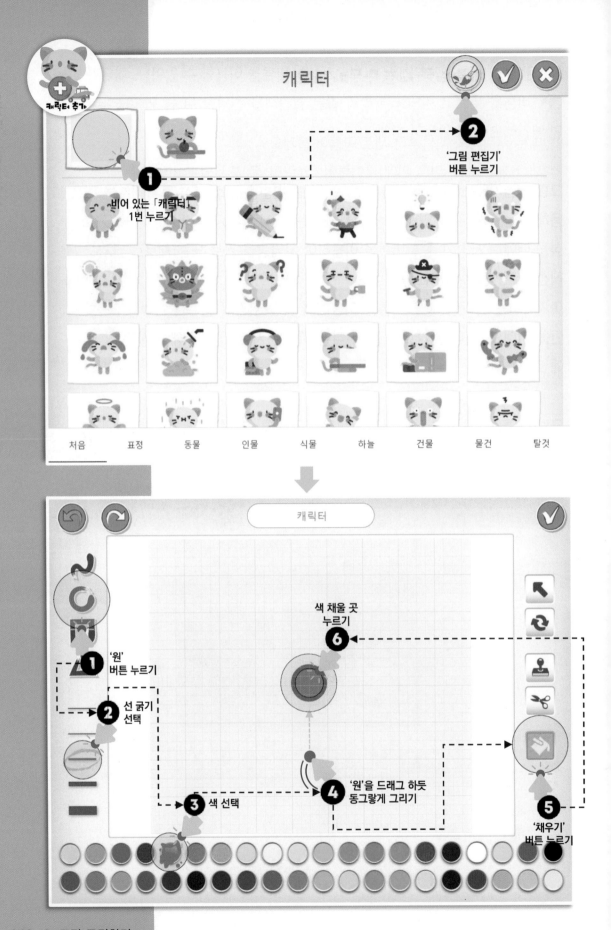

캐릭터

② '그림 편집기'
버튼 누르기

① 비어 있는 「캐릭터」
1번 누르기

처음   표정   동물   인물   식물   하늘   건물   물건   탈것

캐릭터

⑥ 색 채울 곳
누르기

① '원'
버튼 누르기

② 선 굵기
선택

③ 색 선택

④ '원'을 드래그 하듯
동그랗게 그리기

⑤ '채우기'
버튼 누르기

③ 캐릭터를 새로 만들어 봐요.

이번에는 캐릭터의 처음부터 새로 만들어 볼게요.

캐릭터 추가 화면의 왼쪽 위에는 이름이 「캐릭터」로 표시되는 비어 있는 그림이 있어요. 이것을 선택하고 그림 편집기 🖌 버튼을 눌러주세요.

다음은 이전에 「사과 냥이」를 수정할 때 그렸던 사과와 마찬가지 작업이에요.
화면 가운데에 빨간색 원을 그리고, 원 안쪽을 빨간색으로 채워주세요.

사과의 꼭지도 각각 가로와 세로로 긴 사각형 두개를 중간 굵기의 검정색으로 만들어주세요.

그림 편집기 화면 위쪽에 캐릭터 이름이 「캐릭터」로 되어있을 텐데요. 이것을 눌러 「사과」로 바꿔주세요.

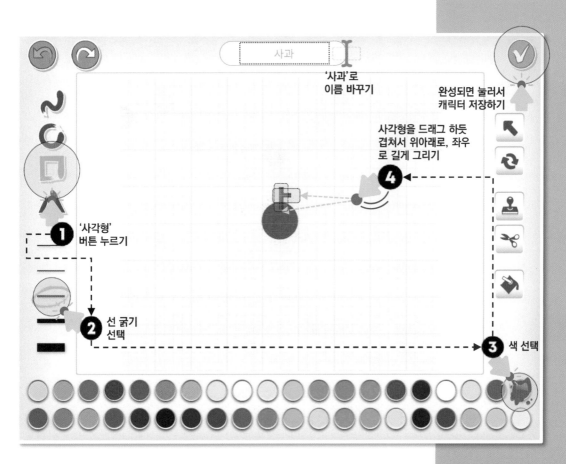

드래그해서 이동

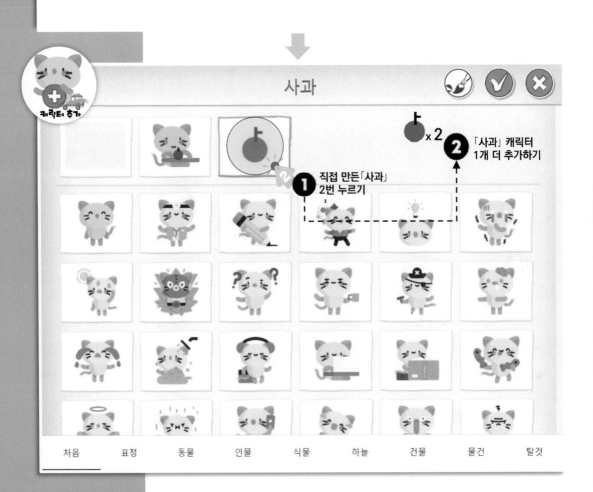

사과

① 직접 만든 「사과」
    2번 누르기

② 「사과」 캐릭터
    1개 더 추가하기

×2

처음   표정   동물   인물   식물   하늘   건물   물건   탈것

캐릭터 추가

「사과」그림이 완성되고 체크 ✅ 버튼을 누르면 무대에「사과」캐릭터가 나타나요.「사과」를 배경의 길 부분에 드래그해 옮겨주세요.

직접 만든 캐릭터는 캐릭터 추가 화면에 표시되어 다시 사용할 수 있어요. 캐릭터 추가 화면의 위쪽에 보이는「사과」를 2번 눌러 추가해주세요. 또 한번 같은 작업을 반복해서「사과」를 하나 더 추가해주세요.

「사과」2개를 배경의 서로 다른 나무들의 아래에 매달린 것처럼 옮겨주세요. 이렇게「사과나무」아래에서「사과」로 둘러 쌓인「사과 냥이」가 완성됐어요!

캐릭터 영역의 캐릭터 오른쪽에도 그림 편집기 버튼이 있어요.

캐릭터 영역에서 캐릭터를 선택하면 오른쪽에 그림 편집기 🖌 버튼이 보여요. 이미 사용중인 캐릭터를 편집할 수 있으니 비슷한 캐릭터들의 모양을 조금씩 바꿔야 할 때 유용하게 사용할 수 있어요.

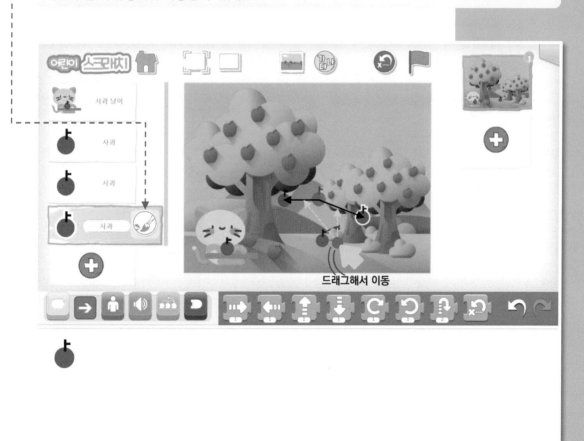

드래그해서 이동

그림 편집기를 이용해 캐릭터와 배경을 만들거나 수정해 보았어요.

그림 편집기  를 이용하면 내가 원하는 캐릭터나 배경을 만들 수 있다는 점이 좋아요. 작품 상황에 맞는 그림을 만들기 위해 그림 편집기의 기능을 이용해 보세요. 단, 내가 원하는 대로 만들어지지 않을 수 있고 우리의 목적은 코딩 공부이기 때문에 그림 편집기  이용에 너무 많이 시간을 쓰지는 마세요!

학부모님 읽어주세요!

그림 편집기는 작품 상황에 맞는 캐릭터나 배경을 제작하는데 이용하는 기능입니다. 상황에 따라 그림 편집기가 필요할 수 있으나, 본 프로그램은 코딩 학습을 목적으로 만들어졌기 때문에 만족할 만한 그림을 그리는 데에는 불편함이 많습니다. 또한 학생들은 코딩 학습에 보다 초점을 맞춰야 하기 때문에 그림을 그리는데 너무 많은 시간을 할애하지 않고 꼭 필요한 상황에서만 그림 편집기를 이용하도록 지도가 필요합니다.

작품 QR 코드

더 배워 보기!

만든 캐릭터에 스크립트를 추가하여 작품을 만들어 봐요!

「사과」가 떨어지면 「사과 냥이」가 사라져요. 이후 숨겨진 「애교 냥이」가 나와 「사과」를 먹고요. 나중에는 「사과」가 사라지는 상황을 만들어요.

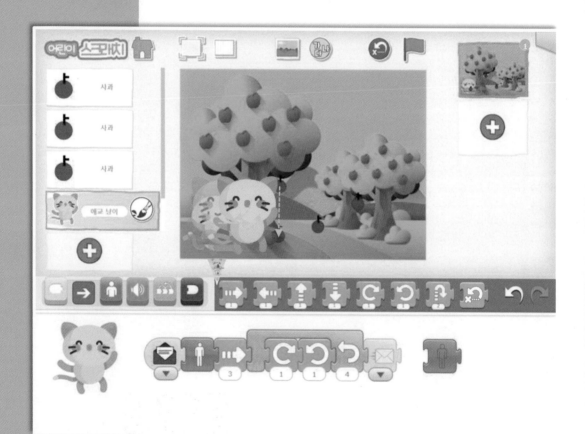

「애교 냥이」는 「사과 냥이」와 같은 위치에 놓고 {숨기기 } 블록으로 숨겨 놔요. 그리고 세가지 메시지 블록을 활용해서 내가 만든 「사과」와 「사과 냥이」 캐릭터에 스크립트를 더한 재미있는 작품을 만들어 봐요!

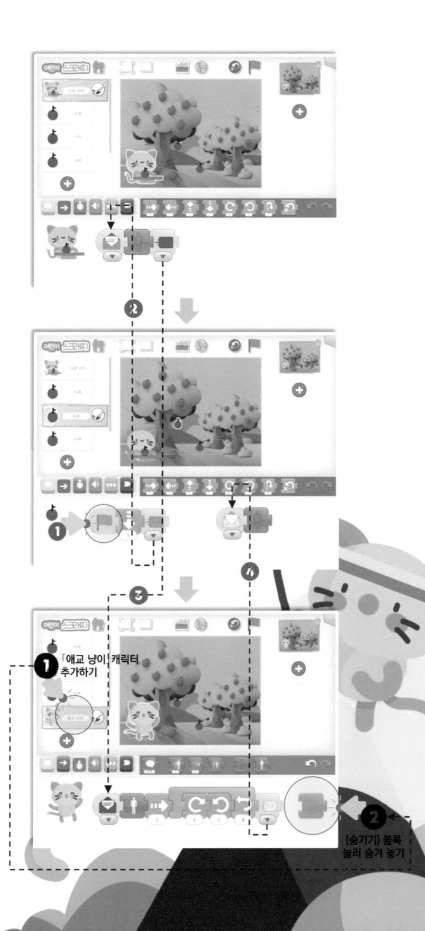

1 「애교 냥이」 캐릭터 추가하기

2 [숨기기] 블록 눌러 숨겨 놓기

4. 프로그램 안내

어린이 스크래치 프로그램을 사용할 수 있는 기기와
각 기기 별 설치 방법, 문제 해결 방법을 알아봐요.

4.1 프로그램 사용 환경

어린이 스크래치는 안드로이드, IOS, 윈도우 PC, 웹 브라우저에서 사용할 수 있어요. 안드로이드가 설치된 스마트폰이나 태블릿은 구글 플레이 스토어 ▶ 에서, IOS가 설치된 아이폰이나 아이패드에서는 애플 앱스토어 🅰 에서 '어린이 스크래치'라고 검색하여 설치하면 사용할 수 있고요.

윈도우 7 🪟 이상이 설치된 컴퓨터에서는 코딩티딩 홈페이지에서 프로그램을 다운로드 해서, 인터넷이 되는 기기라면 크롬 ◎ 과 같은 웹 브라우저를 이용해서 scratchild.com 사이트에 접속하면 사용할 수 있어요.

 ## 사용 가능한 기기들

 안드로이드 폰과 태블릿
구글 플레이 스토어에서 '어린이 스크래치 – 블록 코딩 교육' 앱 설치

 아이폰과 아이패드
앱스토어에서 '어린이 스크래치 – 블록 코딩 교육' 앱 설치

 윈도우 PC
codingteading.com 'PC 프로그램'을 찾아서 설치

 웹 브라우저가 있는 기기
scratchild.com 사이트에 접속 (홈 화면에 추가 가능)

🐾 **어린이 스크래치를 사용할 수 있는 기기를 알아봐요.**

대부분의 안드로이드나 IOS 기기, 윈도우 PC에서는 웹 브라우저를 사용할 수 있으니 scratchild.com에 접속해서 앱이나 프로그램 설치 없이 이용할 수 있겠죠?

어린이 스크래치는 이처럼 다양한 기기에서 사용할 수 있지만 화면이 작은 기기에서는 사용하지 않았으면 좋겠어요. 블록을 원하는 위치에 옮기거나 글자들을 보기는 화면이 작은 기기에서 쉽지가 않거든요.
눈 건강을 위해서도 7인치 크기 이상의 화면이 있는 기기에서 어린이 스크래치를 사용해 주세요!

화면이 너무 작아
잘 안보이고
조작이 어려워 ㅠㅠ

큰 화면이라
잘 보이고
조작이 쉬워^^

사용 환경 별 최소 요구 사양은 다음과 같아요.

안드로이드: Android 5.0 롤리팝 이상
IOS: iOS 11.1 이상
윈도우: 윈도우 7 이상 32bit or 64bit, 램 2GB 이상
웹 브라우저: 크로미엄 기반 브라우저 (크롬, 엣지, 웨일 등)

4.2 기기 종류별 설치 방법

 안드로이드 폰과 태블릿

구글 플레이스토어에서 '어린이 스크래치'라고 검색해주세요. 검색된 여러 앱 중에서
'어린이 스크래치 – 블록 코딩 교육 '을 찾아 설치해 주세요.

① 'Play 스토어' 앱 열기

② '어린이 스크래치' 라고 검색하기

③ 설치 버튼 누르기

스크래치 주니어를 한글화하고, 일부 기능 및 콘텐츠를 수정한 어린이 코딩 교육 어플리케이션입니다.

❀ 사용 기기별로 프로그램 설치 방법을 알아봐요.

 아이폰과 아이패드

앱스토어에서 '어린이 스크래치'라고 검색해주세요. 검색된 여러 앱 중에서 '어린이 스크래치 – 블록 코딩 교육 '을 찾아 설치해 주세요.

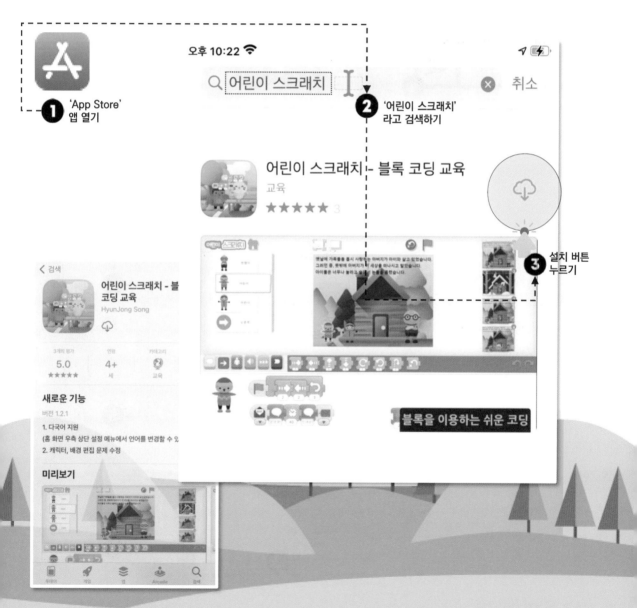

윈도우 PC

구글이나 네이버 등에서 '코딩티딩'이라고 검색하거나 codingteading.com 사이트 주소를 직접 입력하여 코딩티딩 홈페이지에 들어가 주세요.

홈페이지의 '어린이 스크래치' 항목에서 '다운로드'를 찾고 'PC 프로그램' 버튼을 클릭해 주세요. 내려받은 압축 파일 안에 있는 설치 파일을 실행하면 프로그램이 설치돼요. 프로그램은 시작 메뉴나 바탕 화면의 아이콘을 클릭하면 실행할 수 있어요.

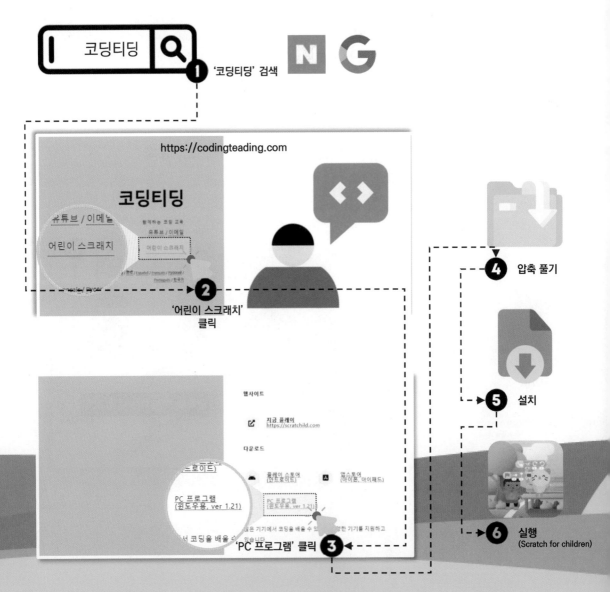

 **웹 브라우저**

웹 브라우저의 주소창에 scratchild.com 을 입력해 주세요. 사이트에 접속하면 바로
어린이 스크래치를 실행할 수 있어요.

크롬, 엣지, 웨일 등 크로미엄 기반의 웹 브라우저에서는 정상적으로 작동하며
익스플로러 같은 브라우저에서는 작동에 문제가 있을 수 있어요. '홈 화면에 추가
(A2HS)' 기능이 지원되므로 바로가기 아이콘을 만들어 앱처럼 사용할 수 있어요.

주소창에 scratchild.com 입력

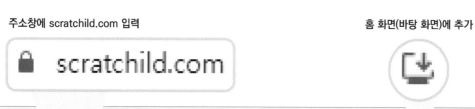

홈 화면(바탕 화면)에 추가

 프로그램 문제 해결 방법

 프로그램에서 한글이 아닌 영어가 나와요.

어린이 스크래치는 기본적으로 기기의 기본 언어를 이용하도록 되어 있어요. 하지만 몇몇 기기에서는 프로그램의 기본값인 영어로 표시되기도 해요. 이때 화면 오른쪽 위 톱니바퀴 모양의 '언어 선택' ⚙ 버튼을 누르면 언어를 한국어로 바꿀 수 있어요.

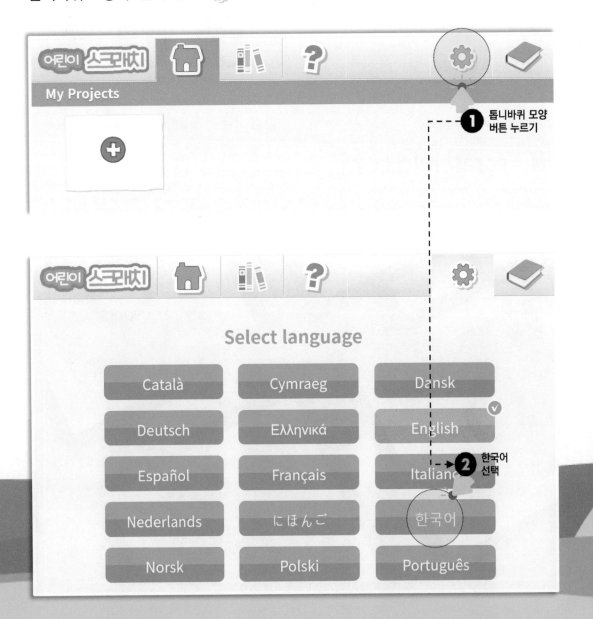

❖ 프로그램과 관련한 주요 문제 해결 방법을 알아봐요.

 다른 그림이나 소리 자료를 이용하고 싶어요.

스크래치 주니어에는 카메라로 사진을 찍어 가져오고 소리를 녹음하여 활용할 수 있는 기능이 있지만, 어린이 스크래치는 해당 기능을 이용하지 못하도록 해 놓았어요. 스크래치 주니어와 달리 윈도우 PC와 웹 브라우저에서도 사용할 수 있도록 하기 위해서 필요한 조치였어요.

지금은 안되지만 나중에는 새로운 캐릭터와 배경을 넣고 많은 소리를 추가할 수 있도록 개발할 계획이에요. 스크래치 주니어처럼 카메라와 녹음 기능도 활용할 수 있도록 하려고 하니 조금 기다려주세요.

 프로젝트를 다른 기기로 복사해서 사용하고 싶어요.

한단계 고급 코딩 학습 프로그램인 스크래치에서는 서로의 작품과 코드를 공유할 수 있는 탐험(Explore) 기능이 있어요. 현재 어린이 스크래치는 오직 작품을 제작한 기기에서만 작품을 볼 수 있고 다른 기기로 작품을 복사하거나 다른 사람에게 공유할 수는 없어요.

조만간 갤러리 메뉴를 만들어서 작품을 공유하고, 나 또는 다른 사람의 작품을 복사해 활용할 수 있도록 만들 계획이니 기다려주세요.

웹 브라우저에서 홈 화면에 추가 기능에 대해 자세히 알고 싶어요.

PC나 스마트폰에서 scratchild.com에 접속하면 어린이 스크래치를 완전히 사용할 수 있지만 사용할 때마다 주소를 입력해야 하고, 웹 브라우저의 특성상 주소창이나 도구 모음 등이 같이 보이게 돼요.

'홈 화면에 추가(A2HS)' 기능을 이용하면 PC에서는 프로그램처럼, 모바일에서는 앱처럼 어린이 스크래치를 이용할 수 있어요. 사용 방법은 아래와 같아요.

 PC (예: 윈도우 크롬 브라우저)

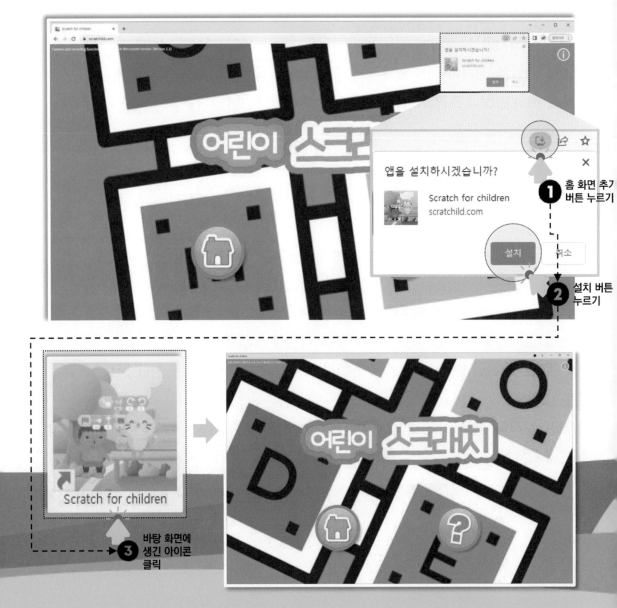

모바일 (예: 안드로이드 크롬 브라우저)

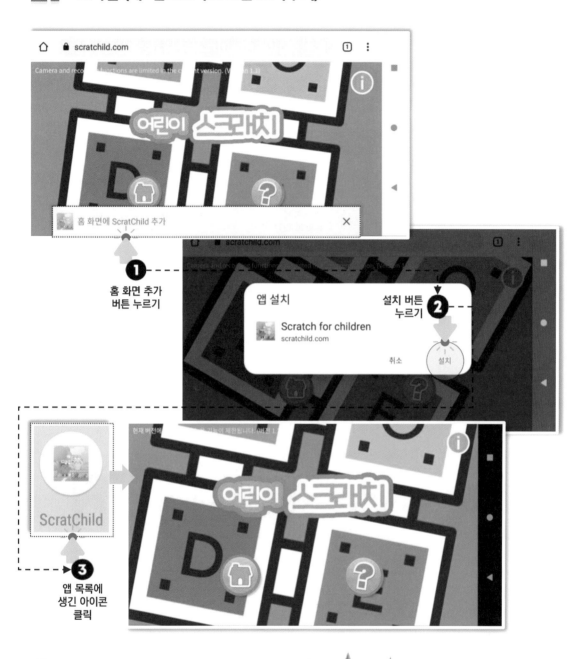

❶ 홈 화면 추가
버튼 누르기

❷ 설치 버튼
누르기

❸ 앱 목록에
생긴 아이콘
클릭

 안드로이드에서 앱이 갑자기 꺼지는 일이 있어요.

몇몇 안드로이드 기기에서 어린이 스크래치가 실행 중 갑자기 꺼지는 경우가 있어요.
이럴 때는 우선 기기에 설치된 크롬 앱을 업데이트 해주세요. 크롬이 최신임에도
문제가 있으면 웹 브라우저를 이용해 주세요. 조만간 문제가 해결되도록 노력할 게요.

참고 내용

기초 예제 & 동화책

책의 예제
+ 동화책 확인

기초 코딩 예제와
각색한 동화들이 있는 공간입니다.

추후 동화는 계속 추가될 예정입니다

[기초 1] 캐릭터, 배경

[기초 2] 블록 사용

[기초 3] 기본 기능

[기초 4] 이동 블록

[기초 5] 시작 블록 1

[기초 6] 시작 블록 2

[기초 7] 모양 블록

[기초 8] 소리 블록

[기초 9] 제어 블록

[기초 10] 종료 블록과 페이지

[기초 부록] 그림 그리기

[동화 1] 황금 골판 스테고

[동화 2] 솔직한 냥이

[동화 3] 요술 냉장고

우리가 이 책에서 만든 작품들은 어린이 스크래치 프로그램 위쪽의 책 모양 아이콘을 누르면 모두 확인할 수 있어요. 책을 봐도 어떻게 만들어야 하는지 잘 모를 때 유용하게 활용할 수 있겠죠?
목록 아래쪽에는 동화로 만든 어린이 스크래치 프로젝트도 있으니 어떻게 만들었는지 살펴보세요.

물음표 모양의 버튼을 누르면 어린이 스크래치 소개 영상과 조금 어려운 샘플 프로젝트 20개를 확인할 수 있어요. 20개의 프로젝트는 '어린이 스크래치 배우기'라는 책에서 배우는 내용들 이예요. 나중에 보다 실력을 높이고 싶을 때 한번 도전해보세요!

참고 내용

키워드 찾아보기

어린이 스크래치로 처음 배우는

블록 코딩

초판 1쇄 발행 2022. 5. 25.

지은이 송현종
펴낸이 김병호
펴낸곳 주식회사 바른북스

책임편집 주식회사 바른북스 편집부

등록 2019년 4월 3일 제2019-000040호
주소 서울시 성동구 연무장5길 9-16, 301호 (성수동2가, 블루스톤타워)
대표전화 070-7857-9719 | **경영지원** 02-3409-9719 | **팩스** 070-7610-9820

•바른북스는 여러분의 다양한 아이디어와 원고 투고를 설레는 마음으로 기다리고 있습니다.

이메일 barunbooks21@naver.com | **원고투고** barunbooks21@naver.com
홈페이지 www.barunbooks.com | **공식 블로그** blog.naver.com/barunbooks7
공식 포스트 post.naver.com/barunbooks7 | **페이스북** facebook.com/barunbooks7

ⓒ 송현종, 2022
ISBN 979-11-6545-276-6 93000

•파본이나 잘못된 책은 구입하신 곳에서 교환해드립니다.
•이 책은 저작권법에 따라 보호를 받는 저작물이므로 무단전재 및 복제를 금지하며,
 이 책 내용의 전부 및 일부를 이용하려면 반드시 저작권자와 도서출판 바른북스의 서면동의를 받아야 합니다.